Happy English for Childcare

Maiko Tsuchiya

KINSEIDO

Kinseido Publishing Co., Ltd.
3-21 Kanda Jimbo-cho, Chiyoda-ku,
Tokyo 101-0051, Japan

Copyright © 2015 by Maiko Tsuchiya

All rights reserved. No part of this publication may
be reproduced, stored in a retrieval system, or transmitted,
in any form or by any means, electronic, mechanical,
photocopying, recording or otherwise, without the prior
permission of the publisher.

First published 2015 by Kinseido Publishing Co., Ltd.

Cover design　parastyle inc.
Text design　　C-leps Co., Ltd.
Illustration　　Kaori Kagawa

音声ファイル無料ダウンロード

http://www.kinsei-do.co.jp/download/4008

この教科書で　DL 00 の表示がある箇所の音声は、上記 URL または QR コードにて無料でダウンロードできます。自習用音声としてご活用ください。

- ▶ **PC からのダウンロードをお勧めします。スマートフォンなどでダウンロードされる場合は、ダウンロード前に「解凍アプリ」をインストールしてください。**
- ▶ **URL は、検索ボックスではなくアドレスバー (URL 表示覧) に入力してください。**
- ▶ **お使いのネットワーク環境によっては、ダウンロードできない場合があります。**

CD 00　左記の表示がある箇所の音声は、教室用 CD (Class Audio CD) に収録されています。

はしがき

このテキストは *Happy English for Childcare* というタイトルからもお分かりいただける通り、楽しく英語を学んでほしいという気持ちを込めて作成されました。みなさんも知っているように、社会は急速にグローバル化しています。英語で基本的なコミュニケーションがとれる必要性は今後ますます高まっていくでしょう。そう聞くと、みなさんの中には「あ～、勉強しなきゃ」とプレッシャーを感じる人もいるかもしれません。ですが、英語は日本語と同じように、周りの人と気持ちや考えを伝えあうための言葉のひとつなので、「勉強をしなければ！」と構えるより、今よりも少しでも多く英語を聞いたり読んだり、自分で口にしたり書いたりという「活動」を通して英語に慣れようとする姿勢をとってもらいたいと思います。それをサポートするための学習活動が、このテキストにはたくさん盛り込まれています。周りの友達や先生と一緒に英語に触れながら楽しく学習を進めてください。

このテキストは保育園や幼稚園で必要となる英語を扱っていますが、園での先生と園児または保護者とのやり取りというのは、日常生活に関係しているものが大半です。食事のこと、遊びのこと、人にお願いすることなどがその例です。ですので、このテキストの英語表現は、保育園・幼稚園の場面に限定されるものではなく、日常英会話としても役に立つものとなっています。英語が必要な状況になったときに英語がパッと出るように、しっかり身につけてほしいと思います。

最後になりましたが、本テキストの刊行に際して、長年保育・児童英語教育の分野でご教鞭をとられてきた土屋幾子先生、穴井誌帆先生には貴重なご意見をいただきましたこと、外国の保育情報収集について Samuel Paolo Managad Adamos 先生、Tamara Royan 先生から多大なご協力を得ましたこと、そして金星堂の皆様、特に編集部の荻野由布子様にはご尽力いただきましたことに、心よりお礼を申し上げます。

著　者

Happy English for Childcare

Contents

Pre-unit	**Please Speak Some Slowly**	1
	▶ 英語でコミュニケーションをするときの基本表現	
Unit 1	**Hi, I'm Yuri Tanaka**	4
	▶ 挨拶・自己紹介　▶ 人に何かを頼む表現	
	▶ 保育時間　▶ 英語での自己紹介	
Unit 2	**Where Is the Multi-purpose Room?**	9
	▶ 園内の案内　▶ 位置を伝える表現	
	▶ 園の構成員　▶ 戸外での道案内	
Unit 3	**Good Morning. How Are You Today?**	14
	▶ 登園時の会話　▶ 今日の調子を聞く・答える表現	
	▶ 持ち物　▶ 数字　▶ 手遊び歌 "Ten Little Pumpkins"	
Unit 4	**What Color Do You Like?**	19
	▶ 工作時間の会話　▶ 好きなもの／嫌いなものを聞くwhatの表現	
	▶ 工作やお絵かきで使う道具　▶ 英語で「かぐや姫」を読む	
Unit 5	**There's a Ladybug on the Leaf**	24
	▶ 園外散歩での会話　▶ 場所を表す表現	
	▶ 集団で行う園活動　▶ 教室内のものの場所を示す	
Unit 6	**It's Time to Play Outside**	29
	▶ 園庭での会話　▶ 人に何かするよう／しないように言う表現	
	▶ 遊具の名前　▶ 英語で「桃太郎」を読む	
Unit 7	**She Is Allergic to Eggs**	34
	▶ 保護者からの相談	
	▶ 食に関する好き嫌い、アレルギーの有無を伝える表現	
	▶ 手洗いや歯磨き　▶ 食材の名前	
	▶ 肉じゃがのレシピを英語で書く	

Unit **8**　**You Should Go to the Bathroom** 39
　▶ お昼寝時間の会話
　▶ しなければならないこと・する必要があることを伝える表現
　▶ お昼寝に関する表現
　▶ 英語圏のジェスチャー　　▶ 手遊び歌 "Twinkle, Twinkle, Little Star"

Unit **9**　**We Made Masks Today** 44
　▶ 降園時の会話　　▶ 1日の活動と様子を伝える表現（動詞の過去形）
　▶ クリスマスについて調べる

Unit **10**　**If It Rains, What Happens?** 49
　▶ 園行事予定についての会話　　▶「もし～なら」という仮定の表現
　▶ 園行事の英語名　　▶ 体操の名称

Unit **11**　**What Shall We Do Today?** 54
　▶ ネイティブとの打ち合わせ
　▶ Shall I / we ...? と Will you ...? を用いた表現と応答
　▶ 時刻を表す英語　　▶ 歌 "Old MacDonald Had a Farm"

Unit **12**　**I Feel Feverish** 59
　▶ 体調不良の園児との会話　　▶ 病気やけがの症状を伝える表現
　▶ 医療品の英語　　▶ 身体の部位・家系図

Unit **13**　**This Is Yuri from Cosmos Day Care Center** ... 64
　▶ 保護者との電話　　▶ 電話応対に便利な表現
　▶ 留守番電話の英語　　▶ 英語で「浦島太郎」を読む

Unit **14**　**Thank You Very Much for Everything** 69
　▶ 最後の日の会話　　▶ お礼の表現
　▶ 動きの表現　　▶ 誕生日カード

付録　乳幼児の保育に関する英語 74

Pre-unit: Please Speak More Slowly

英語でコミュニケーションをするときの基本表現

Let's Talk ! 　DL 02　CD 02

外国人が道に迷い、あなたに英語で話しかけてきました。

A 音声を聞いて、以下の空欄に単語を入れましょう。

Foreigner: Excuse me. Could you tell me the [1]_____ to Cosmos Day Care Center?

You: Sorry, but please speak more [2]_____.

Foreigner: OK. Could you tell me the way to Cosmos Day Care Center?

You: Oh, [3]_____ [4]_____. It is on the corner.

Foreigner: Thank you.

You: You're [5]_____.

B 音声に合わせて声を出して読んでみましょう。そのあと、ペアで練習してみましょう。

Your Vocabulary

以下の語句の意味を枠内から選び、空欄に書きましょう。

1. day care center _____
2. slowly _____
3. Could you …? _____
4. corner _____
5. kindergarten _____
6. spell _____

| つづる | 幼稚園 | 「〜していただけますか」 |
| ゆっくり | 角 | 保育園 |

✓ Check! 英語で話しかけられたときの応対方法

音声のあとに繰り返して音読しましょう。　🎧 DL 03　💿 CD03

1. **相手の言ったことがすぐに分からないとき**
   Please speak more slowly.「もう少しゆっくり話してください」
   Pardon (me)?「もう一度お願いします」
   Could you say that again?「もう一度言ってくれますか」

2. **相手が何と言ったか確認したいとき（聞こえたことを繰り返す方法）**
   Cosmos Day Care Center?「コスモス保育園（ですか）?」

3. **ゆっくり言ってもらっても分からないとき**
   Sorry, but I don't understand.「ごめんなさい、分かりません」

4. **答えたいが、英語で言えないとき**
   I understand your question, but I can't answer in English.
   「あなたの質問は分かるのですが、英語で答えられません」

5. **単語の意味が分からないとき**
   What does "kindergarten" mean?「"kindergarten" って何ですか」

6. **単語の綴りが分からないとき**
   A: How do you spell Jackson?「ジャクソンはどのようにつづりますか」
   B: It's J-A-C-K-S-O-N.「J, A, C, K, S, O, N です」

7. **英語で何と言うのか知りたいとき**
   A: What is *hoikuen* in English?「『保育園』を英語では何と言いますか」
   B: Day care center.「デイケアセンターです」

Practice 1　🎧 DL 04　💿 CD04

これから先生がみなさんに英語で話しかけますので英語で答えてみましょう。困ったときは上記のフレーズを使って応対しましょう。

Activity

　英語の文には、強く読むところと弱く読むところがあります。強く読むのは、「この単語を伝えなければ全体の意味が伝わらない」という単語で、名詞、一般動詞、形容詞、疑問詞などになります。

　例えば相手に、How do you spell Jackson? と聞きたいとき、How ... spell Jackson? の3単語が相手の耳に届けば、答えがかえってくるでしょう。しかし、... do you ...? の部分が強くて、ほかの部分が聞こえなかったら、相手に「ん？」という顔をされるでしょう。

同じ間隔で●のところで手をたたいて以下の文を読んでみましょう。

How do you **spell** **Jackson**?
● ● ●
　等間隔　等間隔

do youは2単語ですが、手をたたく間に発音します。強調したい部分ではないので弱く速くなります。

以上を踏まえて、以下のやりとりを声に出して言ってみましょう。

A: **How** do you **spell Jackson**?
B: It's **J-A-C-K-S-O-N**.

Practice 2　　DL 05　　CD 05

左ページのCheck! の例にあった以下の英文をもう一度聞いて、強く読むところと弱く読むところを意識しながら、発音してみましょう。

- **Please speak** more **slowly**.
- **Could you say** that **again**?
- **Sorry**, but I **don't understand**.
- I **understand** your **question**, but I **can't answer** in **English**.
- **What** does **"kindergarten" mean**?
- A: **What** is *hoikuen* in **English**?
  B: **Day care center**.

Pre-unit　●　Please Speak More Slowly

Unit 1 Hi, I'm Yuri Tanaka

挨拶・自己紹介

Get Ready DL 06   CD06

音声に続いて、英語らしく読んでみましょう。

1. I'm a class teacher.
2. *A:* Nice to meet you.   *B:* Nice to meet you, too.
3. Could you call her Betty?

Let's Talk !   DL 07   CD07

アメリカ人のElizabethとお父さんのMr. Jacksonがコスモス保育園にやってきました。Elizabethの担任であるユリ先生は2人に声をかけます。

A 音声を聞いて、以下の空欄に単語を入れましょう。

Yuri: Hi, Mr. Jackson. I'm Yuri Tanaka. I'm Elizabeth's [1]_____ [2]_____. Nice to meet you.

Mr. Jackson: Hi, Ms. Tanaka. Nice to meet you, [3]_____.

Yuri: Hi, Elizabeth. Nice to meet you.

Mr. Jackson: [4]_____ [5]_____ call her Betty and call me Sam?

Yuri: Sure. And please call me Yuri-sensei. Betty's class is Tampopo-gumi, the [6]_____ class.

Mr. Jackson: OK, Yuri-sensei.

B 音声に合わせて声に出して読んでみましょう。そのあと、ペアで練習してみましょう。

Your Vocabulary

A 以下の語句の意味を枠内から選び、空欄に書きましょう。

1. class teacher _____
2. "Nice to meet you" _____
3. "Sure" _____
4. "Please call me A" _____
5. 3-year-olds' class _____

> 3歳児クラス 「私をAと呼んでください」 担任
> 「初めまして」 「分かりました」

B 上の語句を参考にして、以下の日本語を英語にしましょう。

1. 吉田先生と私が、リス組の担任です。
   Ms. Yoshida and I _____ the _____ _____ of Risu-gumi.
2. リス組は2歳児クラスです。
   Risu-gumi is the _____ _____.
3. 彼のことをジャックと呼んでください。
   Please _____ _____ Jack.

✓ Check! 人に何かを頼む表現

● 普通に頼むとき ▶ Can you ...? 〜してくれますか。／〜してくれる？
   Can you carry this box?「この箱を運んでくれますか」
   Can you take off your shoes here?「ここで靴を脱いでくれますか」
● 丁寧に頼むとき ▶ Could you ...? 〜していただけますか。
   ※この場合のcouldはcanの過去形ではなく、丁寧表現のためのものです。
   Could you carry this box?「この箱を運んでいただけますか」
   Could you take off your shoes here?「ここで靴を脱いでいただけますか」

Did you know ...?

日本の保育園、幼稚園では、リス組、ヒマワリ組など、クラスに動物や花の名前が付けられることが多いですが、アメリカでは、年齢や担任名によって 2-year-olds' class や Lisa & Kate class などと言います。

Think and Share

A 園児と保護者に頼みごとをする際に適切な表現を選び、○をつけましょう。

1. 園児に　　　（ Can you / Could you ）bring a towel tomorrow?
2. 保護者に　　（ Can you / Could you ）bring a towel tomorrow?

B 先生とあなたの近くに座っている友人に、何かしてくれるように頼んでみましょう。

1. 先生に　　Could you _____?
2. 友人に　　Can you _____?

Listen Up DL 08　CD08

保育時間に関する英語の説明を聞いて、以下の問いに答えましょう。

A 早朝保育、延長保育に相当する英語を聞き取り、空欄 1、2 に書きましょう。

B もう一度聞いて、それぞれの保育時間を聞き取り、例のように時計をぬりつぶしましょう。

例　11時～14時の場合

Day Care Hours / Day	Regular Day Care 通常保育	1 _____ Day Care 早朝保育	2 _____ Day Care 延長保育
Monday -Friday			
Saturday			

Quiz!

日本では、よちよち歩きの1歳前後の子どもたちのクラス名やイラストによく使われるのは「ひよこ」ですが、英語圏では、ほかの動物がそのイメージとしてよく用いられます。何の動物でしょう。

Your Turn! 🎧 DL 09　💿 CD09

A 英語での自己紹介の5つのポイントを、以下のモデル文を読みながら確認しましょう。

Hi. I'm Emiko Suzuki. Please call me Emi.

> ① 初めに "Hi." などの挨拶。名前を言った後に、どう呼んでもらいたいかを伝える。ネイティブスピーカーが呼びやすいように、マリコであれば "Please call me Mari." ヒロユキであれば "Please call me Hiro." などに短縮すると親切。

I work at Midori Preschool. I am the class teacher of Usagi-gumi, the 3-year-olds' class. I love children, so I enjoy my job very much.

> ② 次に、今の自分の状況について、どこで何をしているかなどを伝える。

I'm from Kitakyushu, Fukuoka. I live with my family now.

> ③ 出身地や住んでいる場所を伝える。

We are a family of four: my father, my mother, my younger sister, and me.

> ④ 家族の紹介をする。

I like to watch movies in my free time. My favorite actor is Leonardo DiCaprio. Thank you.

> ⑤ 趣味や現在の目標などを伝える。
> - 「食べること」や「寝ること」は、趣味として挙げない方がよい。生活上当たり前の事柄は趣味と考えない。
> - "I like to listen to music." のみではなく、好きなアーティストやジャンルなどを付け加えるとより良い自己紹介になる。

自己紹介は、初めて会う人に「楽しそうな人だな」と興味を持ってもらったり、共通の趣味を見つけてもらうなどして、楽しく話せるきっかけとなります。ですから一言で終わらせるのではなく、いろいろな話題を盛り込んだほうがよいでしょう。

B Aのモデル文を参考にして、自分を英語で紹介してみましょう。

1. あいさつと名前、どう呼んでもらいたいかを伝える。
   例 Hi. / Hi, everybody. I'm Yuri Tanaka./My name is Yuri Tanaka. Please call me Yuri.

   _____

2. 今の自分の状況（職業や将来の夢のためにしていることなど）を伝える。
   例 I'm a student at ABC University.「私はABC大学の学生です」
   I'm a freshman at ABC University.「私はABC大学の1年生です」
   I'm majoring in child education.「私は幼児教育を専攻しています」
   I want to be a childcare worker after graduation.「私は卒業後、保育士になりたいです」
   I want to work at a preschool.「私は幼稚園で働きたいです」

   _____

3. 出身地や住んでいる場所を伝える。
   例 I'm from Kitakyushu, Fukuoka. I live by myself now in Minato-ku, Tokyo.
   「私は福岡県の北九州出身です。今は、東京の港区で一人暮らしをしています」

   _____

4. 家族の紹介をする。
   例 I have an older sister. She works for a bank in Osaka.
   「私には姉が一人います。大阪の銀行で働いています」
   I have two younger brothers. They are high school students.
   「私には弟が二人います。高校生です」

   _____

5. 趣味などを伝える。
   例 I like to play the piano. I'm in the music club.
   「私はピアノを弾くのが好きです。音楽クラブに入っています」
   I love Mickey Mouse and collect Disney goods.
   「私はミッキーマウスが好きで、ディズニーグッズを集めています」
   I'm interested in hip-hop dance. I'd like to join a dance club.
   「私はヒップホップダンスに興味があります。ダンスクラブに入りたいと思っています」

   _____

Unit 2 Where Is the Multi-purpose Room?

園内の案内・道案内

Get Ready DL 10 CD 10

音声に続いて、英語らしく読んでみましょう。

1. Where is the multi-purpose room?
2. Go straight down the hallway.
3. It's on your right.

Let's Talk! DL 11 CD 11

事務室の前で、ユリ先生はサムに多目的ルームの場所を聞かれました。

A 音声を聞いて、以下の空欄に単語を入れましょう。<u>同じ番号には同じ語が入ります。</u>
p.11の園内マップも参照しましょう。

Sam: Yuri-sensei, where is the ¹_____ room?

Yuri: Go ²_____ down the hallway. It's next to Risu-gumi.

Sam: I see. And where is the ³_____?

Yuri: Go ²_____ down the hallway and ⁴_____ left. The ³_____ is at the ⁵_____ of the hallway. It's on your ⁶_____.

Sam: Thank you.

B 音声に合わせて声を出して読んでみましょう。そのあと、ペアで練習してみましょう。

Your Vocabulary

A 以下の語句の意味を枠内から選び、空欄に書きましょう。

1. multi-purpose room _____
2. go straight down ... _____
3. hallway _____
4. next to ... _____
5. turn left _____
6. at the end of ... _____
7. on one's right _____

廊下	〜の隣	〜のつきあたりに
〜の右側に	左に曲がる	
多目的ルーム	〜をまっすぐ行く	

B 上の語句を参考にして、以下の日本語を英語にしましょう。

1. タンポポ組はバラ組の隣です。
   Tampopo-gumi _____ _____ _____ Bara-gumi.
2. 廊下をまっすぐ行って、右に曲がってください。
   Go _____ down the _____ and turn _____ .
3. キッチンは左側にあります。
   The kitchen is _____ _____ _____ .

✓ Check! 位置を伝える表現

It is <u>on your right</u>.「それは<u>あなたの右側に</u>あります」
You can see it <u>ahead</u>.「<u>前方に</u>それが見えます」
A is <u>across from</u> B.「AはBの<u>向かいに</u>あります」
A is <u>at the end of</u> B.「AはBの<u>つきあたりに</u>あります」
A is <u>between</u> B and C.「AはBとCの<u>間に</u>あります」
A is <u>next to</u> B.「AはBの<u>隣</u>です」

Think and Share

英語での場所案内では、道順、どちら側に見えるか、何の近くにあるかという3要素が入っていると親切です。例で確認してみましょう。

例 Go straight down the hallway and turn right at the corner.
廊下をまっすぐ行って、角で右に曲がってください。

You can see it on your left. It is next to the meeting room.
それは左手にあります。それは会議室の隣です。

ペアを組み、玄関 (Entrance) から以下の場所への行き方を交代で言ってみましょう。
1. ヒマワリ組　2. 園庭への出入口

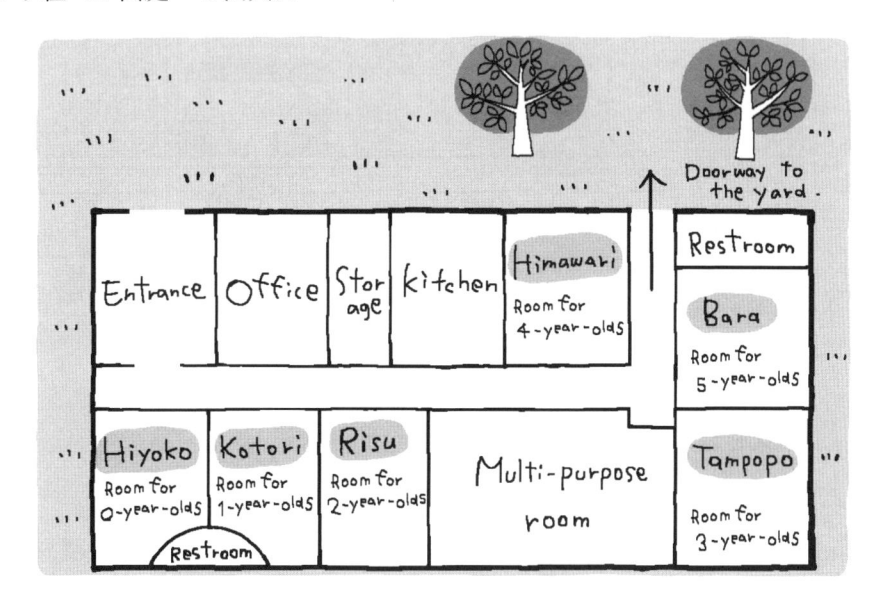

Daily Words of Childcare　DL 12　CD 12

A 園の構成員の英語の名称について、以下の日本語と合うものを枠内から選び空欄に書きましょう。

1. 園長先生 _____
2. 先生 _____
3. 栄養士 _____
4. 調理師 _____
5. バスの運転手 _____

bus driver
cook
director
nutritionist
teacher (childcare worker)

B ペアを組み、一人が上記の日本語を言い、もう一人はその英語を素早く答えましょう。

Your Turn!

コスモス保育園周辺の地図を使って、戸外での道案内に挑戦しましょう。

A 以下の英文の下線の場所はa～jのどこでしょう。（　）にアルファベットを書き入れ、さらに下線の英語を地図中に書き加えましょう。

例　The <u>bakery</u> is between the bank and the pharmacy on 1st Street.　　（ **d** ）

1. The <u>junior high school</u> is across from the post office and next to the fire station.　　（　）
2. The <u>city library</u> is on the corner of 1st Street and Chuo-dori.　　（　）
3. The <u>dry cleaners</u> is across from the Japanese restaurant on Higashi-dori.　（　）
4. The <u>drugstore</u> is across from the parking lot on the corner of 1st Street and Higashi-dori.　　（　）

B ペアを組み、「道を尋ねる人」と「案内する人」になりましょう。以下の質問を交代でしてください。バス停で道を尋ねると想定します。「尋ねる人」は、案内された通りに指で道をなぞり、質問した目的地にちゃんと着いたかどうか最後に伝えてください。

1. Could you tell me where Cosmos Day Care Center is?
2. Could you tell me where the Japanese restaurant is?

C ゴールとなる目的地Aを自分で決め、ペアの相手をバス停からAまで連れていきましょう。案内の最後のフレーズ（例：A will be on your right.）を言った後に、相手にどこに着いたかを聞きましょう。相手の答えが設定した目的地であれば、道案内は完璧にできたということです！

Check! 2 道順を伝えるときに便利なフレーズ

Go straight for two blocks.「2ブロックまっすぐ行ってください」
Go straight down Higashi Street.「東通りをまっすぐ行ってください」
Go straight until you come to the next intersection.
「交差点までまっすぐ行ってください」
Turn right at the second corner.「2つ目の角を右に曲がってください」
Turn left at the next corner.「次の角を左に曲がってください」
Cross the street.「道路を渡ってください」
I will show you the way to the train station.「私が駅までご案内します」
You can't miss it.「すぐに分かりますよ」

Unit 3 Good Morning. How Are You Today?

登園時の会話・体調を聞く・持ち物や数の表現

Get Ready DL 13 CD 13

音声に続いて、英語らしく読んでみましょう。

1. How are you today?
2. I'm pretty good, thank you.
3. Do you have a hand towel?

Let's Talk ! DL 14 CD 14

さあ、今日も園での1日がはじまります。ベティも元気に登園してきました。

A 音声を聞いて、以下の空欄に単語を入れましょう。

Yuri: Good morning, Betty.
Betty: Good morning, Yuri-sensei.
Yuri: How are you today?
Betty: I'm １＿＿＿＿＿ ２＿＿＿＿＿, thank you.
Yuri: It's a ３＿＿＿＿＿ day.
Betty: Yes. I want to play ４＿＿＿＿＿.
Yuri: OK, later. Do you have a ５＿＿＿＿＿ ６＿＿＿＿＿?
Betty: Yes. It's ７＿＿＿ ８＿＿＿＿ ９＿＿＿＿＿. See?

B 音声に合わせて声を出して読んでみましょう。そのあと、ペアで練習してみましょう。

14

Your Vocabulary

A 以下の語句の意味を枠内から選び、空欄に書きましょう。

1. pretty _____
2. sunny _____
3. outside _____
4. later _____
5. hand towel _____
6. pocket _____

あとで	外で	タオル
天気の良い	とても／かなり	ポケット

B 以下の日本語の意味と合うように（　）内の語句を並べかえましょう。

1. 今日は、曇りで寒いです。(cloudy / it's / today / cold / and).

   _____

2. タオルは私のポケットの中にあります。(the towel / in / pocket / is / my).

   _____

3. あとでお外で遊びたいです。I (later / outside / play / to / want).

   _____

✓ Check! 今日の調子を聞く・答える表現

● 体調・調子を聞くとき
How are you doing?/How are you?/How's it going?「元気？」

● 調子を答えるとき
I'm pretty good, thanks.「とても元気です、ありがとう」
I'm fine/good, thanks.「元気です、ありがとう」
I'm a little tired.「ちょっと疲れています」
I'm not fine/good.「良くないです」
I feel bad/sick.「気分が悪いです」

※ I'm pretty good. などの I'm は省略して言われることがよくあります。

Think and Share

A 友人と会話をしましょう。枠内の日本語と合うように以下の空欄に語句を書きましょう。

You: 1 _____?
Your friend: 2 _____ good, 3 _____. And 4 _____?
You: I'm 5 _____.
Your friend: Oh, that's too bad. 6 _____ care.
You: 7 _____.

あなた	「元気？」
友人	「とても元気よ、ありがとう。あなたは？」
あなた	「ちょっと疲れていて」
友人	「あら、いけないわね。お大事に」
あなた	「ありがとう」

B 上の会話をテキストを見ないで言えるようになるまで、友人と練習してみましょう。

Daily Words of Childcare DL 15 CD 15

A 園児の持ち物について、以下の日本語に合うものを枠内より選び空欄に書きましょう。

1. 体操服
2. ハンカチ
3. マグ
4. 歯ブラシ
5. お弁当
6. はし
7. 名札
8. 制服
9. 通園バッグ

chopsticks / plastic mug / handkerchief / gym clothes
school bag / lunch / name tag / uniform / toothbrush

B ペアを組み、一人が上記の日本語を言い、もう一人はその英語を素早く答えましょう。

Your Turn !

A 日常英会話では意外と「数字」が使われています。英語の数字の発音や聞き取りにフォーカスをあててみましょう。

1. 数字を英語らしく発音してみましょう。音声の後に繰り返しましょう。 DL 16 CD16

1	2	3	4	5
one	two	three	four	five
6	7	8	9	10
six	seven	eight	nine	ten

2. 以下の数字の入った語句を英語で読んでみましょう。 DL 17 CD17

1. 36.5 degrees　　　　**2.** 10,000 yen　　　　**3.** 0900-1324-5500
4. 450 cc　　　　　　 **5.** 15.3 kg　　　　　**6.** 120 cm

3. 音声を聞いて、数字を聞き取り空欄に書きましょう。 DL 18 CD18

1. _____	6. _____
2. _____	7. _____
3. _____	8. _____
4. _____	9. _____
5. _____	10. _____

Quiz!

園に持っていくカバンについての問題です。
アメリカやオーストラリアなどの園児はどんなカバンで通園することが多いでしょう。
1. 日本でよく見る黄色い肩掛けの園バッグ
2. 1と同じような形の色違いのもの
3. 私物のリュックサック
4. 園が指定するリュックサック

Unit 3 ● Good Morning. How Are You Today?

B 数字が入った英語の手遊び歌を聞いてみましょう。　　　　DL 19　　CD 19

Ten Little Pumpkins

One little, two little, three little pumpkins
four little, five little, six little pumpkins
seven little, eight little, nine little pumpkins
ten little pumpkins on my hands

1. 数字の発音を意識しながら、歌ってみましょう。指を１本ずつたてていきます。
   園児と実際に歌うときは、指先にかわいいカボチャの絵を描いてみましょう。

2. 形容詞のlittleが以下の単語に変わったときに、どのような名詞をうしろに入れるとよいでしょうか。変えて歌ってみましょう。
   heavy / cute / red

3. 名詞のpumpkinが以下の単語に変わったとき、どのような形容詞を前に付けるとよいでしょうか。変えて歌ってみましょう。
   dog / cell phone / teacher

Unit 4 What Color Do You Like?

工作時間の会話・工作道具・好き嫌いを聞く表現

Get Ready DL 20 CD 20

音声に続いて、英語らしく読んでみましょう。

1. What color do you like?
2. Where is the glue stick?
3. It's in your craft box in your cubby.

Let's Talk! DL 21 CD 21

工作の時間です。今日は自分の好きな色のとんがり帽を作ります。ベティは何色にするでしょう。

A 音声を聞いて、空欄に単語を書きましょう。同じ番号には同じ語が入ります。

Yuri: Let's make a pixie hat. ¹_____ ²_____ do you like?

Betty: I like purple.

Yuri: Good. Now, color the stars with a ³_____ ⁴_____. Then put some ⁵_____ on the side and ⁶_____ both sides together.

Betty: Where is the ⁵_____ ⁶_____?

Yuri: It's in your craft box in your cubby.

Betty: ⁷____ ⁸_____ ⁹____! Look at this, Yuri-sensei.

Yuri: It's nice. ¹⁰_____ ¹¹_____, Betty.

B 音声に合わせて声を出して読んでみましょう。そのあと、ペアで練習してみましょう。

Did you know...?

「ほめる」というのは世界共通で教育には欠かせない要素です。英語のほめ言葉にはGreat. / Good. / Good job. / Well done. / Excellent. / Cool. / Fantastic. などがあります。「ほめる」ときは、相手がうれしくなるような笑顔で元気よく言ってあげましょう。

Your Vocabulary

A 以下の語句の意味を枠内から選び、空欄に書きましょう。

1. pixie hat _____
2. color（動詞） _____
3. with a crayon _____
4. glue（名詞） _____
5. stick（動詞） _____
6. glue stick _____
7. craft box _____
8. cubby _____
9. "I did it!" _____

とんがり帽子	貼りつける	スティックのり
色をつける	道具箱	クレヨンで
のり	「できた!」	ロッカー

B 上の語句を参考にして、以下の日本語を英語をしましょう。

1. その紙を緑のクレヨンでぬりましょう。

   Let's _____ the paper _____ a green _____ .

2. あなたのお道具箱はどこですか。

   _____ is your _____ _____ ?

3. できたね！ よくできているよ。

   _____ did _____ ! Great job!

✓ Check! 好きなもの/嫌いなものを聞くwhatの表現

- 何の 名詞 が好きなのかを聞くとき ▶ What 名詞 do you like?
  What color do you like?「何色が好きですか」

- 何の 名詞 が嫌いなのかを聞くとき ▶ What 名詞 don't you like?
  What vegetable don't you like?「嫌いな野菜は何ですか」

- 何の 種類の名詞 が好きなのかを聞くとき ▶ What kind/type of名詞 do you like?
  What kind/type of music do you like?「どんな（種類の）音楽が好きですか」

日本語では「どんな野菜が嫌い？」「どんな音楽が好き？」と言うことが多いですが、英語では「何の野菜」「何の種類の音楽」と考えるのでwhatを使います。

Think and Share

A 日本語の意味と合うように、空欄に語句を書き入れましょう。

1. 嫌いな日本食は何ですか。
   _____ _____ _____ don't you like?
2. どんな映画が好きですか。
   _____ _____ of _____ do you like?
3. どんなプレゼントが欲しいですか。
   _____ _____ ___ present do you want?

B 友人や先生に、Aで作った1～3の質問をし、その回答を以下に書きましょう。

例 1. Mr. Ikeda doesn't like *okayu*.

1. _____.
2. _____.
3. _____.

Daily Words of Childcare   DL 22   CD 22

A 工作やお絵かきで使う道具について、適当な語を枠内から選び空欄に書きましょう。

1. _____
2. _____
3. _____
4. _____
5. _____
6. _____
7. _____

> clay spatula / clay tablet / colored paper
> clay / sketchbook / scissors / paint

B ペアを組み、一人が上記の日本語を言い、もう一人はその英語を素早く答えましょう。

Reading DL 23 CD23

A 日本でおなじみの昔話『かぐや姫』。どのような英語を用いて訳されているかみてみましょう。

The Bamboo Princess

Once upon a time, there lived an old man and his wife in a village. One day, when the old man went to the bamboo forest as usual, he found a bamboo stalk that was shining. He cut the bamboo and found a baby girl inside.

They decided to take care of this lovely baby and named her "Kaguya Hime." After that, whenever he went to cut bamboo, he found gold coins in them. Soon they became rich.

Kaguya Hime became a very beautiful lady. Many young men proposed to her. She wanted them to give up on trying to marry her. She said to them, "I will marry the person who can find what I ask for." All the men failed to find what Kaguya Hime wanted.

Meanwhile, she began to weep every night. "What's the matter with you?" asked the old man. Kaguya Hime answered, "To tell you the truth, I am not a human being on earth. The messengers from the moon will come for me on the night of the full moon."

The night came. Some heavenly maidens descended to earth in a bright light. Kaguya Hime said to the old man and the old woman, "Thank you for everything. Please remember me when you see the moon." Then she got on a celestial carriage and flew through the sky.

Notes
- L11: **meanwhile**「そうしている間に」
- L15: **descend**「降りる」

B 以下の日本語に相当する英語を本文より見つけて、空欄に書きましょう。

1. 竹　　　　　　　　　　　＿＿＿＿＿＿＿＿＿＿＿＿＿＿＿＿＿
2. 求婚する　　　　　　　　＿＿＿＿＿＿＿＿＿＿＿＿＿＿＿＿＿
3. 涙をぽろぽろ落として泣く　＿＿＿＿＿＿＿＿＿＿＿＿＿＿＿＿＿
4. 使いの者　　　　　　　　＿＿＿＿＿＿＿＿＿＿＿＿＿＿＿＿＿
5. 天女　　　　　　　　　　＿＿＿＿＿＿＿＿＿＿＿＿＿＿＿＿＿
6. 天の車　　　　　　　　　＿＿＿＿＿＿＿＿＿＿＿＿＿＿＿＿＿

Did you know...?

日本の昔話と外国の昔話には似ている点もありますが、大きく違うところもあります。日本の昔話の多くには、年寄りの夫婦と子どもが出てきます。『桃太郎』などは、悪い者をやっつけるために子どもが闘いに行き、最後は戻ってきてハッピーエンドという流れです。外国の昔話では、年寄り夫婦はあまり登場せず、子ども（の動物）がだまされてしまったり、ピンチに陥ったりするストーリーであることが多いです。『ジャックと豆の木』や『赤ずきんちゃん』、『3匹のこぶた』、『ヘンゼルとグレーテル』などのストーリーを思い浮かべてみると、「確かに」とうなずけるのではないでしょうか。

Unit 5 There's a Ladybug on the Leaf

園外散歩での会話・集団活動・場所を表す表現

Get Ready　DL 24　CD 24

音声に続いて、英語らしく読んでみましょう。

1. There's a ladybug on the leaf.
2. There are some pond skaters* in this puddle.
3. My mom is at the bus stop over there.

*pond skater アメンボ

Let's Talk !　DL 25　CD 25

タンポポ組のみんなで園の近くをお散歩しています。外にはいろいろな虫がいます。

A 音声を聞いて、以下の空欄に単語を入れましょう。

Yuri: Form a line. Hold the ¹_____ ²_____ , everybody.

Betty: Look, Yuri-sensei. There's a ladybug ³_____ ⁴_____ ⁵_____ .
And there are some pond skaters in this puddle.

Yuri: We call them "amenbo" in ⁶_____ .

Betty: It's a ⁷_____ ⁸_____ , isn't it? Oh, my mom is at the bus stop ⁹_____ ¹⁰_____ . Mommy!

Yuri: Watch out for cars, Betty.

B 音声に合わせて声を出して読んでみましょう。そのあと、ペアで練習してみましょう。

Quiz !

園児たちが大好きな昆虫の英語の名前。日本語では何と言うでしょう。

1. dragonfly　2. ant　3. beetle　4. butterfly　5. cicada

> **5のヒント**
> 日本では夏を代表する昆虫で、俳句などにも使われています。ちなみに、昆虫の鳴き声は英語圏では雑音と見なされているので、犬のbow-wowのような表記はありません。

Your Vocabulary

A 以下の語句の意味を枠内から選び、空欄に書きましょう。

1. form a line　_____　6. puddle　_____
2. safety rope　_____　7. funny　_____
3. there's ...　_____　8. over there　_____
4. ladybug　_____　9. watch out for ...　_____
5. leaf　_____

一列に並ぶ	水たまり	安全ロープ
面白い	〜がある	向こうに
テントウムシ	〜に気を付ける	葉っぱ

B 上の語句を参考にして、以下の日本語を英語にしましょう。

1. 向こうの木にカブトムシを見つけたよ。
   I found a beetle _____ a tree _____ _____ .
2. 気を付けて！ここに穴があります。
   _____ _____ ! _____ a hole.
3. ドアのところに誰かいますか。
   _____ _____ anyone _____ the door?

✓ Check!　場所を表す表現 There's / There're ... と at in on の使い方

- 「〜があります／います」を表すとき ▶ There's / There're ...
  There's a dog at the door.「ドアのところに犬がいます」
  There're some books on the desk.「机の上に何冊か本があります」
- 場所の一点を示すとき ▶ **at**
  She is at Betty's house.「彼女はベティの家にいます」
  Please take off your shoes at the entrance.「玄関で靴を脱いでください」
- 広い場所の中にいることや、何かの内部にいることを示すとき ▶ **in**
  I live in Japan.「私は日本に住んでいます」
  There are many animals in the zoo.「たくさんの動物が動物園にいます」
- 何かの表面に接していることを示すとき ▶ **on**
  The cup is on the table.「コップがテーブルの上にあります」
  The kids' pictures are on the wall.「子どもたちの写真が壁に貼ってあります」

Think and Share

A 日本語の意味と合うように空欄に語句を書きましょう。

1. ユリ先生！天井にハエがとまっているよ。
   Yuri-sensei! There _____ a fly _____ the ceiling.
2. 園庭に子どもたちがいます。
   There _____ some kids _____ the yard.
3. 壁に掲示版があります。
   There _____ a notice board _____ the wall.
4. 彼女はドアのところに立っています。
   She stands _____ the door.
5. 事務室に私をたずねてください。
   Visit me _____ the office, please.

B 教室内にあるものについて、どこに何があるのか友人と交互に言ってみましょう。

Listen Up

A 集団で行う園活動について、以下の日本語に合うものを枠内から選び空欄に書きましょう。

DL 26　CD 26

1. 誕生会　_____
2. 身体測定　_____
3. 集会　_____
4. 合唱　_____
5. 避難訓練　_____
6. （絵本や紙芝居の）読み聞かせ
   _____

> singing together / gathering / birthday party
> evacuation drill / body measurements / story time

B コスモス園では、曜日によって上記Aの活動のうちの何をするかが決まっています。何曜日に何の活動をしているか聞き取り、表に書き込みましょう。活動のない曜日には×を入れましょう。

DL 27　CD 27

	月曜日	火曜日	水曜日	木曜日
活動				

Your Turn !

教室の中をのぞいてみましょう。毎日の活動を楽しくスムーズに行うために、いろいろなものが置いてあります。

A 以下のイラストと日本語に当てはまる語句を枠内より選び、空欄に書きましょう。

DL 28　　CD 28

1. ゴミ箱 _____
2. 電子ピアノ _____
3. 掲示板 _____
4. 制服掛け _____
5. 手洗い場 _____
6. 絵本 _____
7. おもちゃ箱 _____
8. ロッカー _____
9. タオル掛け _____
10. 重ねたいす _____

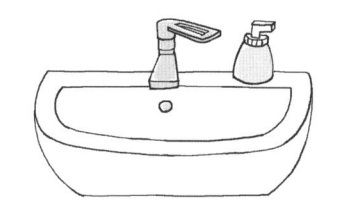

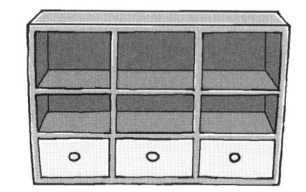

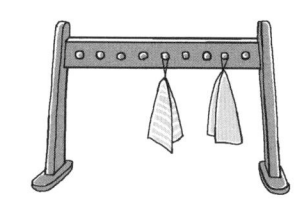

notice board / electric piano / cubby / towel hanger / hanger
picture books / stacked chairs / trash can / toy box / sink

Unit 5 ● There's a Ladybug on the Leaf

B 1〜6の説明文を読んで、下線部のものは、下のイラストのどこに描かれているべきか、丸をつけましょう。

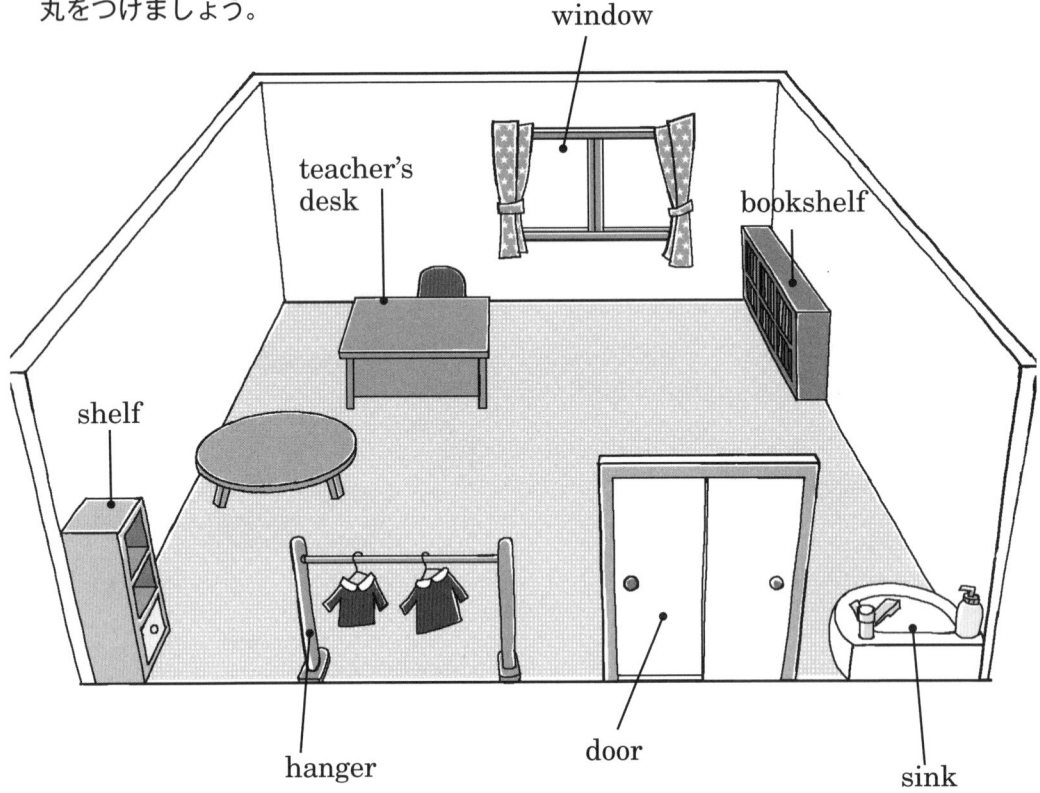

1. There is an electric piano in front of the window.
2. There are stacked chairs in the upper left corner.
3. There is a towel hanger to the right of the bookshelf.
4. There is a notice board on the wall above the table.
5. There is a trash can between the shelf and the table.
6. The kids' cubbies are between the shelf and the hanger.

Check! ❷

Unit 2 で学習した位置を表す表現以外に、次のようなものもあります。

above... 〜の上の方に
in the upper left corner 左上の角に
to the right of... 〜の右の方に
in the lower left corner 左下の角に

Unit 6 It's Time to Play Outside

園庭での会話・遊具の名前・命令文

Get Ready DL 29 CD 29

音声に続いて、英語らしく読んでみましょう。

1. What do you want to do?
2. Get a pail and shovel over there.
3. I want to make a sand castle.
4. Sounds good.

Let's Talk ! DL 30 CD 30

園児たちが大好きな時間、園庭で元気に遊ぶ時間になりました。

A 音声を聞いて、以下の空欄に単語を入れましょう。同じ番号には同じ語が入ります。

Yuri: It's ¹_____ to play outside. What do you ²_____ ³_____ do, Betty?

Betty: I want to play in the sandbox!

Yuri: OK. Get a pail and a ⁴_____ over there.

Betty: I see. I want to make a sand ⁵_____ with Ken.

Yuri: ⁶_____ ⁷_____. Show me your sand ⁵_____ later, Betty.

Betty: ⁸_____. It'll be a surprise!

B 音声に合わせて声を出して読んでみましょう。そのあと、ペアで練習してみましょう。

Did you know…?

日本では砂場での遊びといえば、砂の山を作るのが一般的ですが、英語圏では砂で作るものといえば、sand castle です。

Your Vocabulary

A 以下の語句の意味を枠内から選び、空欄に書きましょう。

1. time to ... _____
2. outside _____
3. want to ... _____
4. sandbox _____
5. pail _____
6. sand castle _____
7. "Sounds good" _____
8. shovel _____

〜する時間	バケツ	外で
砂のお城	〜したい	「いいわね」
砂場	シャベル	

B 以下の日本語の意味と合うように（　　）内の語句を並べかえましょう。

1. 寝る時間ですよ。

    (to / it's / go to / time / bed).

    _____

2. ベティはケンと遊びたいです。

    Betty (play / to / Ken / wants / with).

    _____

3. あそこの砂のお城を見て！

    Look (the / at / over / sand castle / there).

    _____

✓ Check!　人に何かするよう／何かしないように言う表現（命令文）

- 何かするように言うとき
  <u>Show</u> me the sand castle.「砂のお城を見せろ / 見せなさい / 見せて」
- 何かの状態になるように言うとき
  <u>Be</u> quiet, everybody.「みんな、静かに」
- 丁寧に言うとき
  <u>Please show</u> me the sand castle.「砂のお城を見せてください / 見せてね」
- 何かしないように言うとき
  <u>Don't</u> throw sand.「砂を投げないで」

Think and Share

以下の日本語の意味と合うように、枠内から語句を選び空欄に書いて英文を完成させましょう。必要に応じて文頭を大文字に変えましょう。

1. 一列になって。

_____ a line.

2. そのシャベルを使いなさい。

_____ the shovel.

3. 早くこっちに来て。

_____ here quickly.

4. 仲良くしなさい。

_____ nice to each other.

be / come / form / use

Listen Up

A 以下の遊具の英語名を枠内から選び、空欄に書きましょう。 DL 31 CD 31

1. _____

2. _____

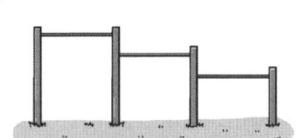

3. _____

4. _____

5. _____

6. _____

slide / scooter / tricycle / swing / jump rope / (horizontal) bars

B 音声を聞いて、ベティとケンがどのような順番で遊んだか、下の（ ）に A にある遊具の番号を書きましょう。 DL 32 CD 32

ベティ	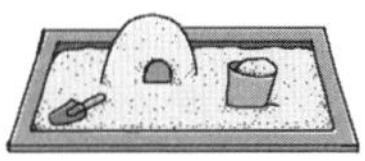 ( ) ⇒ [砂場] ⇒ ( ) ⇒ ( )
ケン	( ) ⇒ ( ) ⇒ [ジャングルジム] ⇒ ( )

Unit 6 ● It's Time to Play Outside

Reading 🎧 DL 33 💿 CD33

A 日本でおなじみの昔話『桃太郎』。どのような英語を用いて訳されているかみてみましょう。

Momotaro, The Peach Boy

Once upon a time, there lived an old man and woman in a village. The old man went to the mountains to collect firewood, and the old woman went to the river to wash clothes every day. One day, she found a big peach floating in the river. She brought it home and showed it to the old man. They decided to cut
5 it in half. Then, a baby came out. They were pleased and named the peach boy Momotaro.

Some years later, Momotaro became a strong and kind boy. One day he decided to go to Onigashima to clean up the demons behaving violently in the village. The old man made him a flag with the words "Strongest in Japan" on it and
10 gave him a sword. The old woman cooked *kibi*-dumplings for his journey.

On the way to Onigashima, Momotaro met a dog. The dog said, "Momotaro, Momotaro, I want a *kibi*-dumpling. If you give me one, I will follow you!" Momotaro gave him a *kibi*-dumpling. After that, a monkey and a pheasant came and also followed him for a *kibi*-dumpling.

15 Momotaro, the dog, the monkey, and the pheasant arrived at Onigashima. They fought against demons and finally wiped out the demons. Momotaro took back a lot of treasures and returned to his house. He lived with the old man and the old woman happily ever after.

Notes
- L7: **behave**「ふるまう」
- L9: **sword**「刀」
- L15: **wipe out**「やっつける」

B 以下の日本語に相当する英語を本文より見つけて空欄に書きましょう。

1. 薪 _____
2. 喜んだ／うれしい _____
3. 強くて優しい男の子 _____
4. 鬼 _____
5. 日本一 _____
6. キビだんご _____
7. 私はあなたについていく _____
8. キジ _____
9. 宝物 _____

Did you know...?

桃太郎の桃が川上からゆったりと浮き沈みしながら流れる様を表す「どんぶらこ」。このような擬音語はオノマトペと言われ、日本語にはたくさんあります。「雨がざあざあ降っている」「紙にさらさらと書く」などもそうです。しかし、英語には日本語ほど豊富になく、「どんぶらこ」に対応する英語もありません。ちなみに、「どんぐりころころどんぶりこ」の「どんぶりこ」は「どんぶらこ」と同じことを表しているんですよ。擬音語は、日本の言葉の文化には欠かせないものですね。

Unit 7 She Is Allergic to Eggs

保護者からの相談・好き嫌い・食材の名前

Get Ready DL 34 CD 34

音声に続いて、英語らしく読んでみましょう。

1. I have a favor to ask you.
2. She is allergic to eggs.
3. Betty loves spaghetti with meat sauce.

Let's Talk ! DL 35 CD 35

ベティのお父さんのサムがユリ先生に給食のことで相談に来ました。

A 音声を聞いて、以下の空欄に単語を入れましょう。

Sam: I ¹_____ ² _____ ³_____ to ask you.

Yuri: How may I help you?

Sam: Can you make Betty's lunch without eggs? She is ⁴_____ ⁵_____ eggs.

Yuri: No problem, but we need a ⁶_____ certificate.

Sam: I have one here.

Yuri: Oh, good.

Sam: By the way, what will you have for lunch today?

Yuri: We'll have spaghetti with meat sauce.

Sam: ⁷_____ ⁸_____. Betty loves that.

B 音声に合わせて声を出して読んでみましょう。そのあと、ペアで練習してみましょう。

Your Vocabulary

A 以下の語句の意味を枠内から選び、空欄に書きましょう。

1. "I have a favor to ask you" _____
2. without ... _____
3. be allergic to ... _____
4. medical certificate _____
5. "Sounds yummy" _____

| ~にアレルギーがある | 「おいしそう」 | 診断書 |
| 「お願いがあるのですが」 | ~なしで | |

B 上の語句を参考にして、以下の日本語を英語にしましょう。

1. 私と妹は、小麦粉にアレルギーがあります。
   My sister and I _____ _____ to flour.
2. お願いをしてもいいですか。
   _____ I ask a _____ of you?
3. 私はいつもミルクなしでコーヒーを飲みます。
   I usually drink coffee _____ _____.

✓ Check!　食に関する好き嫌い、アレルギーの有無を伝える表現

- 「~を好きだ」と伝えるとき
  You <u>like</u> stew.「あなたはシチューが好きです」
- 「~をすごく好きだ」と伝えるとき
  I <u>love</u> cakes. = I <u>like</u> cakes <u>very much</u>.「私はケーキが大好きです」
- 「~を苦手（嫌い）だ」と伝えるとき
  She <u>dislikes</u> ginger. = She <u>doesn't like</u> ginger.「彼女はショウガが苦手です」
- 「~をすごく嫌いだ」と伝えるとき
  I <u>hate</u> tomatoes.「私はトマトが大嫌いです」
- 「~にアレルギーがある／ない」ことを伝えるとき
  I'<u>m allergic to</u> soybeans.「私は大豆にアレルギーがあります」
  I'<u>m not allergic to</u> banana.「私はバナナにアレルギーはありません」
  I <u>have no food allergies</u>.「私は何のアレルギーもありません」

Think and Share

A あなたの好き嫌いやアレルギーを英語で言えるように、空欄に語句を書きましょう。

1. I love _____ but hate _____ .
2. I'm allergic to _____ .

B 空欄に飲食物の名称をいれて、友人に質問してみましょう。

1. Tell me your likes and dislikes about food, please. Do you like _____ ?
2. Are you allergic to _____ ?

Daily Words of Childcare DL 36　CD 36

A 手洗いや歯磨きについて、日本語と合うものを枠内から選び空欄に書きましょう。

1.「手を洗いなさい」　　2.「水をとめなさい」　　3.「手を拭きなさい」

_____ your hands.　　_____ the tap.　　_____ your hands.

4.「歯を磨きなさい」　　5.「口をすすぎなさい」　　6.「うがいしなさい」

_____ your teeth.　　_____ your mouth.　　_____ .

brush / gargle / rinse / turn off / wash / wipe

B ペアを組み、一人が上記の日本語を言い、もう一人はその英語を素早く答えましょう。

Your Turn ! 🎧 DL 37 💿 CD37

いろいろな食材を英語では何と言うか、みてみましょう。

A 以下の日本語に合うものを枠内から選び、空欄に書きましょう。

●野菜・果物 | vegetables | fruits |

1. きゅうり _____ 7. なす _____
2. キャベツ _____ 8. ほうれんそう _____
3. ねぎ _____ 9. かぼちゃ _____
4. ピーマン _____ 10. さくらんぼ _____
5. しいたけ _____ 11. キウイ _____
6. 玉ねぎ _____ 12. すいか _____

> cherry / cabbage / cucumber / eggplant / green pepper / kiwi / leek
> onion / pumpkin / *shiitake* mushroom / spinach / watermelon

●肉・魚介類 | meat | fish |

1. 牛肉 _____ 5. 鮭 _____
2. 豚肉 _____ 6. たら _____
3. 鶏肉 _____ 7. 白身魚 _____
4. マグロ _____ 8. あさり _____

> beef / chicken / cod / *asari* clam
> pork / salmon / tuna / white-meat fish

●調味料・加工品など | seasonings | processed foods |

1. しょうゆ _____ 6. ごま _____
2. こしょう _____ 7. 豆腐 _____
3. こんにゃく _____ 8. 昆布 _____
4. わかめ _____ 9. だし _____
5. みりん _____ 10. みそ _____

> *miso* / pepper / sweet sake / soy sauce / stock / kelp
> *tofu* / sesame / *wakame* seaweed / *konnyaku*

Unit 7 ● She Is Allergic to Eggs

B 下の左はコスモス保育園の1日のおやつと給食の献立です。これを英語に訳してみましょう。1〜8の空欄を埋め、「肉じゃが」の簡単な説明も（　）に書いてみましょう。

9月5日（水）	
朝のおやつ	● クッキー ● 牛乳
昼食	● 肉じゃが ● 味噌汁（ワカメと豆腐） ● ごはん
午後のおやつ	● ツナとたまごのサンドイッチ ● リンゴジュース

September 5, Wednesday	
Morning snack	● 1_____ ● Milk
2_____	● *Nikujaga* (3_____ _____ _____) ● 4_____ _____ ● Rice
5_____ snack	● 6_____ and 7_____ sandwich ● 8_____

● 肉じゃがを説明するヒント　「煮た」boiled　　「〜で味付けした」flavored with ...

Quiz!

1. 果物のグレープフルーツ。ミカン科に属し、見た感じもオレンジみたいですが、なぜ「グレープ（ぶどう）」という言葉が入っているのでしょう。

2. 果物のキウイという名前は、何に由来しているでしょう。

Unit 8 You Should Go to the Bathroom

お昼寝時間の会話・must と have to と should・英語のジェスチャー

Get Ready DL 38 CD38

音声に続いて、英語らしく読んでみましょう。

1. You should go to the bathroom.
2. You will wet your pants again.
3. Hurry up, Betty.

Let's Talk ! DL 39 CD39

お昼寝の時間になりました。寝る前に済ませたいことといえば…？

A 音声を聞いて、以下の空欄に単語を入れましょう。同じ番号には同じ語が入ります。

Yuri: It's time to ¹_____ a ²_____ . You should go to the ³_____ .

Betty: I don't have to go. I don't want to ⁴_____ .

Yuri: Betty, if you don't ⁴_____ , you will ⁵_____ your ⁶_____ again.

Betty: Umm .... My ⁷_____ hurts ... Poo-poo!

Yuri: Hurry up, Betty.

Betty: I'm ⁸_____ , Yuri-sensei.

Yuri: ⁹_____ ¹⁰_____ . Now go to sleep.

B 音声に合わせて声を出して読んでみましょう。そのあと、ペアで練習してみましょう。

Your Vocabulary

A 以下の語句の意味を枠内から選び、空欄に書きましょう。

1. take a nap _____
2. bathroom _____
3. pee _____
4. wet one's pants _____
5. tummy _____
6. hurt _____
7. poo _____
8. "Hurry up!" _____

トイレ	お腹	「急いで！」
おしっこをする	痛む	うんち
おもらしをする	昼寝する	

B 以下の日本語の意味と合うように（　）内の語句を並べかえましょう。

1. もしお腹が痛いなら、しばらく横になりなさい。
   Lie down for a (hurts / if / your / while / tummy).
   _____

2. 外出する前にトイレに行ったほうがいいよ。
   You (before / go / go out / should / to the bathroom / you).
   _____

3. ケンはよくおもらしをします。(his / Ken / often / pants / wets).
   _____

✓ Check!　しなければならないこと・する必要があることを伝える表現

- have to ... / must ...「〜しなければならない／する必要がある」
  You have to/must eat vegetables.「あなたは野菜を食べないといけません」
  ※have to と must は言い換えることができますが、伝わり方に差があります。mustで言われると、聞き手にとっては、話者自身からの厳しい命令という意味合いに、have toであれば、社会通念上の考えで言われているということになります。

- should ...「〜するほうがよい」
  You should go to bed early.「早く寝たほうがいいよ」
  ※「〜すべきだ」というより「〜するほうがいい」くらいの意味で、相手に助言をしたりお勧めしたりするときに使います。have toやmustよりも優しく伝わります。

Think and Share

A have to, must, should の中から１つ選び以下の空欄に入れ、ペアの相手に言ってみましょう。あなたがどういう気持ちを伝えたいかによって、どれを選んでも構いません。

1. You _____ hand in the report today.
2. You _____ hear my side of the story.*　　*my side of the story「私の言い分」
3. You _____ go to bed early.

B have to, must, should のうち、２つを選んで英文を作り、友人に言いましょう。

1. _____.
2. _____.

Daily Words of Childcare　　DL 40　　CD 40

A お昼寝の時間に関する表現について、以下の日本語に当てはまる英語を枠内から選び、空欄に書きましょう。

1.「制服を脱ぎなさい」

_____ your uniform.

2.「パジャマを着なさい」

_____ your pajamas.

3.「ボタンをとめなさい」

_____ your pajamas.

4.「布団に横になりなさい」

_____ your futon.

5.「寝る前の物語を聞きなさい」

_____ the bedtime story.

6.「目を閉じなさい」

_____ your eyes.

close / button / lie on / listen to / put on / take off

B ペアを組み、一人が上記の日本語を言い、もう一人はその英語を素早く答えましょう。

Your Turn !

英語圏（主にアメリカ）で使われるジェスチャーをみてみましょう。

A 以下のことを伝えるとき、どのようなジェスチャーをするでしょうか。考えてみましょう。

1. "Come here."「こっちにおいで」

2. "Go away."「あっちに行け」

3. "Good luck."「頑張って」

4. "I don't know."「分かりません（お手上げです）」

5. "Be quiet. Don't speak."「静かに。おしゃべりしないで」

6. "Me?"「私？」など自分のことを指すとき

7. "I did it!"「うまくできたよ」や、"Good job."「よくできたね」のように、自分や相手の成功を伝えるとき

8. "She is a talkative person."「彼女はおしゃべりな人なんだ」という文で、「おしゃべり」の部分を強調したいとき

Did you know...?

上の8番のジェスチャーは、文字通りの意味ではなく、少し皮肉の意味を持つこともあります。例文についても、単に「おしゃべりな人」だと伝えたいのではなく、「おしゃべりだから、秘密も話してしまったのさ」「おしゃべりだから気を付けて」ということまで含む意味になったりします。映画でもよく見られるジェスチャーですよ。

B 日本とは違うジェスチャーを使う英語の歌を聞いてみましょう。子どもたちが大好きな歌の1つです。　　　　　　　　　　　　　　　　　　　　DL 41　　CD41

1. この歌に2回出てくる "How I wonder what you are" に合う日本語を考えて、下の歌詞の空欄に書きましょう。

● 和訳のヒント　I wonder ...「…かしら」「不思議だなぁ」「ぼんやり考える」

2. 英語圏でのtwinkleのジェスチャーは、日本とは違って両手をグーパー、グーパーと開いたり閉じたりする動きである場合が多いです。そのジェスチャーをしながら、"Twinkle, twinkle, little star" を友人と歌ってみましょう。

Twinkle, Twinkle, Little Star

Twinkle, twinkle, little star,
How I wonder what you are,
Up above the world so high,
Like a diamond in the sky,
Twinkle, twinkle, little star,
How I wonder what you are

きらきら光る小さなお星さま

訳：＿＿＿＿＿＿＿＿＿＿＿＿＿＿＿＿＿＿＿＿＿＿＿＿＿

この世界よりとても高いところにいて
お空でダイアモンドみたいに光っていて
きらきら星さん、きらきら星さん

訳：＿＿＿＿＿＿＿＿＿＿＿＿＿＿＿＿＿＿＿＿＿＿＿＿＿

Unit 8　●　**You Should Go to the Bathroom**　43

Unit 9 We Made Masks Today

降園時の会話・1日の活動と様子を伝える表現・クリスマス

Get Ready DL 42 CD 42

音声に続いて、英語らしく読んでみましょう。
1. Did you make it by yourself?
2. We made masks today.
3. Everybody looked so happy.

Let's Talk ! DL 43 CD 43

降園の時間になりました。ユリ先生はサムに今日の様子を伝えています。

A 音声を聞いて、以下の空欄に単語を入れましょう。<u>同じ番号には同じ語が入ります。</u>

Yuri: Hi, Sam.

Sam: Hi, Yuri-sensei.

Yuri: (*Whispering*) Betty, ¹_____ ²_____ the mask and show it to your dad.

Betty: OK .... ³_____!!!

Sam: Wow! Did you make it ⁴_____ ⁵_____?

Betty: Yes. I made it all ⁴_____ ⁶_____. Is it nice?

Sam: It's great! ⁷_____ ⁸_____!

Yuri: We made masks today. Everybody ⁹_____ so happy.

B 音声に合わせて声を出して読んでみましょう。そのあと、友人と練習してみましょう。

Quiz!

Let's Talk に出てきた "boo" が入った、"Peek-a-boo." と言う表現があります。あるジェスチャーをしながら、主に赤ちゃんに対して使うのですが、日本語では何と言うものでしょう。

Your Vocabulary

A 以下の語句の意味を枠内から選び、空欄に書きましょう。

1. whisper _____
2. put on ... _____
3. mask _____
4. "Boo!" _____
5. all by myself _____
6. "Good job" _____
7. look _____

| 「よくできたね」 | お面 | ～のように見える | ささやく |
| ～をつける／着る | 全部自分で | 「ばあ！」 | |

B 上の語句を参考にして、以下の日本語を英語にしましょう。

1. 全部自分でそれをやりなさい。
   Do it _____ _____ _____.
2. ベティはユリ先生にささやきました。
   Betty _____ to Yuri-sensei.
3. 園長先生はメガネをかけました。
   The director _____ _____ his _____.

✓ Check!　1日の活動と様子を伝える表現（動詞の過去形）

● 活動内容について
We <u>took a walk to</u> Higashi Park.「東公園に散歩に行きました」
We <u>drew</u> flowers and <u>painted</u> them.「花の絵を描いて、色をぬりました」
We <u>joined</u> a gym class.「体操教室に参加しました」
We <u>practiced</u> dancing.「ダンスの練習をしました」
We <u>played with</u> older children.「年長さんたちと遊びました」

● 活動の様子について
He <u>did</u> a good job.「上手にできました」「頑張りました」
She <u>looked</u> happy.「うれしそうでした」
He <u>failed</u> and <u>cried</u>, but <u>didn't give up</u>.
「失敗して泣いてしまいましたが、あきらめませんでしたよ」
She <u>enjoyed</u> it.「それを楽しんでいましたよ」

Think and Share

A 日本語の意味と合うように枠内から語句を選び、過去形に変えて空欄に書きましょう。

1. 今日、ベティはケンとけんかして、泣いてしまいました。
   Betty _____ with Ken and _____ today.
2. 今日は多目的ルームでお歌の練習をしました。
   We _____ singing in the multi-purpose room today.
3. お誕生会でベティはみんなの前に立ちました。
   Betty _____ in front of other kids at the birthday party.
4. 今日はジグソーパズルをして楽しみました。
   We _____ jigsaw puzzles today.
5. 今日ベティはケンとおままごと遊びをしました。
   Betty _____ house with Ken today.

> cry / enjoy / fight / practice / stand / play

B あなたは昨日何をしましたか。下に書いてみましょう。

I _____.

Listen Up

A イラストに合う表情を表す語を枠内より選び、空欄に書きましょう。

1. 2. 3. 4.

> excited / sad / proud / sleepy

B ユリ先生は迎えに来たサムにベティの1日の様子を伝えます。内容を聞き取り、上記 A 1～4の番号を空欄に書きましょう。　DL 44　CD44

1. Morning greeting　2. Main activity　3. Lunch time　4. Playing outside

Your Turn !

A 多くの国の人にとって1年で一番大切なイベントであるクリスマスについて、調べましょう。

1. サンタクロースの元祖と言い伝えられている人の名前は何というでしょう。
   _____

2. 現在、サンタクロースが住んでいるとされている国はどこでしょう。
   _____

3. もともと靴下には何が入れられたとされているでしょうか。
   _____

4. クリスマスツリーに使われる木は一般的に何の木でしょう。
   _____

B 国によって、いろいろなクリスマスの過ごし方があります。友人と分担し、各国のクリスマスの様子を調べてみましょう（定番の食べ物、プレゼント、ツリーの飾り付け、慣習やイベントなど）。

各国のクリスマス

フランス
_____
_____
_____
_____
_____

フィンランド
_____
_____
_____
_____
_____

イギリス

ドイツ

中国

オーストラリア

アメリカ

Unit 10 If It Rains, What Happens?

行事予定についての会話・ifを使った表現・体操の名称

Get Ready DL 45   CD45

音声に続いて、英語らしく読んでみましょう。

1. I'm looking forward to it.
2. If it rains, what happens?
3. OK. I'll make sure to check it.

Let's Talk ! DL 46   CD46

ユリ先生はサムに週末の運動会についての連絡事項を伝えます。

A 音声を聞いて、空欄に単語を入れましょう。

Yuri: We are going to have our ¹_____ ²_____ next Sunday.

Sam: I'm ³_____ ⁴_____ ⁵_____ it. Betty's grandmother and grandfather will come too. What time should we ⁶_____?

Yuri: At 9:00.

Sam: OK. If it rains, what ⁷_____?

Yuri: We'll ⁸_____ it. We'll let you know on our website by 7:00 am on the day of.

Sam: OK. I'll ⁹_____ ¹⁰_____ to check it.

B 音声に合わせて声を出して読んでみましょう。そのあと、ペアで練習してみましょう。

Your Vocabulary

A 以下の語句の意味を枠内から選び、空欄に書きましょう。

1. Sports Day _____
2. postpone _____
3. I'm looking forward to ... _____
4. let you know _____
5. make sure to ... _____

> あなたに知らせる　　運動会　　必ず〜する
> 〜を楽しみにしている　延期する

B 以下の日本語の意味と合うように（　）内の語句を並べかえましょう。

1. 私はあなたに会うのを楽しみにしています。
  (forward / looking / I'm / seeing / to / you).
  _____

2. 何かあったらすぐに知らせます。
  I'll let (anything / as soon as / happens / know / you).
  _____

3. 昨夜、天気情報を確認しました。
  I (the weather / checked / night / report / last).
  _____

✓ Check!　「もし〜なら」という仮定の表現

- If 主語 + 動詞（現在形）〜 , 主語 + will 動詞〜
  If it snows, we will cancel the plan. 「もし雪が降ったら、その計画を取りやめます」

- If 主語 + 動詞（現在形）〜 , (please) 動詞〜
  If you can't come here, please let me know by 9:00 a.m.
  「もしあなたがここに来ることができないなら、午前9時までに知らせてください」
  今から先の仮定の話において、相手に何かを依頼する際は動詞から始める形（命令文）となります。

Think and Share

A 左右の文を正しく結びつけ、Ifで始まる1文にしましょう。

If +
- the typhoon hits,
- you can't attend school today,
- you finish reading the book,

+
- please lend it to me.
- we will postpone the Sports Day.
- please call us by 9:00 a.m.

1. _____
2. _____
3. _____

B 以下のifから始まる文を、自分で自由に考えて完成させましょう。

1. If our teacher _____, _____.
2. If we have a heavy rain this evening, _____.

Daily Words of Childcare 🎧 DL 47 💿 CD 47

A いろいろな園行事の英語名を枠内より選び、空欄に書きましょう。

April 入園式	May 遠足	June 内科健診 Medical checkup	July 七夕祭り
1. _____	2. _____		3. _____
August 夏祭り	September 参観日 Parents' observation Day	October 運動会	November お遊戯会
4. _____		5. _____	6. _____
December クリスマスパーティ ☆Christmas ☆Party	January 参観日 Parents' observation Day	February 豆まき	March ひな祭り Doll Festival 卒園式 Graduation Ceremony
		7. _____	

Bean Ceremony / Entrance Ceremony / School Concert / School Excursion
Sports Day / Star Festival / Summer Festival

B ペアを組み、一人が上記の日本語を言い、もう一人はその英語を素早く答えましょう。

Your Turn！

園で練習するいろいろな体操をみてみましょう。

A 以下の英文は、園で習うある体操のやり方です。実際に動きながら何の体操かを考え、答えましょう。

(1) Lift your arms high up straight over your head.
(2) Look at your belly button.*
(3) Bend over** and put your hands flat on the floor, looking at your belly button.
(4) Roll forward slowly. 　　*belly button「おへそ」 **bend over「上半身を曲げる」

答え _____（英語：_____）のやり方

B 以下の1～6の単語を表す英語を枠内から選び書きましょう。　　DL 48　CD 48

1. 跳び箱 _____

2. 平均台 _____

3. 側転 _____

4. 後転 _____

5. 逆上がり _____

6. トランポリン _____

> backwards roll / balance beam / cartwheel
> pullover / trampoline / vaulting boxes

C まず以下の質問に対するあなたの回答を書いてください。その後ペアを組み、互いに質問をしてみましょう。

1. Q. How many boxes can you vault over?
   A. _____ boxes.

2. Q. Can you do a pullover with a horizontal bar?
   A. Yes. / No.

3. Q. Can you do a cartwheel gracefully?
   A. Yes, gracefully.
      Yes, but not gracefully.
      No.

4. Q. Can you walk fast on a balance beam?
   A. Yes. / No.

5. Q. When did you do the forward roll last?
   A. In my elementary school days.
      In my junior high school days.
      In my high school days.
      Recently.

Did you know...?

日本では、幼稚園や保育園、そして小学校などで取り入れられている鉄棒やマット運動。とくに逆上がりや前転、後転は、みなさんもできるようになるまで練習したことがあるのではないでしょうか。ところが、他の国では、鉄棒やマット運動は授業以外の部活や体操教室での習い事として、やりたい人だけがやるものという位置づけであることが多いようです。文化や慣習の違いは、日本の園や学校で当たり前のように行われている運動ひとつとってみても見ることができます。

Unit 11 What Shall We Do Today?

ネイティブとの打ち合わせ・Shall I ...? と Will you ...?・時刻・動物と鳴き声

Get Ready DL 49 CD49

音声に続いて、英語らしく読んでみましょう。

1. What shall we do today?
2. Will you sing "London Bridge" again?
3. Shall I show them other animals too?

Let's Talk ! DL 50 CD50

今日はネイティブのルーシー先生と一緒に活動する日です。クラスが始まる前に打ち合わせをします。

A 音声を聞いて、以下の空欄に単語を入れましょう。

Lucy: What ¹_____ ²_____ ³_____ today?

Yuri: ⁴_____ ⁵_____ ⁶_____ "London Bridge" again? The kids ⁷_____ that song.

Lucy: Sure. And shall we ⁸_____ to "Old McDonald Had a Farm?"

Yuri: It'll be ⁹_____. (*Making a bird's bill* with a hand*) "Here a chick, there a chick," right?

Lucy: Yes. Will you show the ¹⁰_____ to the kids?

Yuri: OK. Shall I show them other animals too?   *bird's bill くちばし

B 音声に合わせて声を出して読んでみましょう。そのあと、ペアで練習してみましょう。

Your Vocabulary

A 以下の語句の意味を枠内から選び、空欄に書きましょう。

1. "Shall we ...?" _____
2. "Will you ...?" _____
3. chick _____
4. movement _____
5. "Shall I ...?" _____

> ひよこ　「(私が) 〜しましょうか」　「(一緒に) 〜しましょうか」
> 動き　　「〜してくれますか」

B 上の語句を参考にして、以下の日本語を英語にしましょう。

1. (あなたのために) 何をしましょうか。

   _____ shall _____ do _____ you?

2. ユリ先生はいくつかの動物の動きを子どもたちに見せました。

   Yuri _____ the kids some animal _____.

3. 一緒にランチを食べにいこう！

   _____ _____ _____ for lunch?

Check! Shall I / we ...? と Will you ...? を用いた表現と応答

- Shall I ...?「(私が) 〜しましょうか」
  A: Shall I sing a song?「歌を歌いましょうか」
  B: Yes, please. / No, thank you.「お願いします／いいえ、結構です」

- Shall we ...?「(私たちは) 〜しましょうか」（= Let's ...）
  A: Shall we use this picture book?「この絵本を使いましょうか」
  B: Yes, let's. / No, let's not.「そうしましょう／いいえ、やめましょう」

- Will you ...?「(相手に) 〜してくれますか」
  A: Will you help me?「手伝ってくれますか」
  B: Sure. / All right. / OK. / Of course.「いいですよ」
  　I'm afraid I can't.「すみませんが、できません」

Will you ...? は、友人など同等の相手に使うので、初めて話す人や目上の人には、Unit 1 の Could you ...? を使う方が適切です。

Think and Share

A 日本語の意味と合うようにshall I、shall we、will you と枠内の動詞を組み合わせて、英文を書きましょう。

1. そのタンバリンを取ってくれますか。
   _____ me the tambourine?

2. 私がピアノをひきましょうか。
   _____ the piano?

3. 「きらきら星」のお歌を練習しましょうか。
   _____ singing "Twinkle, Twinkle Little Star"?

```
play
pass
practice
```

B shall I、shall we、will youを用いて友達や先生に伝えたいことを英語で言ってみましょう。

1. Shall I _____?
2. Shall we _____?
3. Will you _____?

Listen Up

A それぞれの時刻を表す英語を声に出して読みましょう。　DL51　CD51

1. It's three thirty.
   It's half past three.

2. It's one twenty.
   It's twenty after one.

3. It's seven fifty.
   It's ten to eight.

4. It's four forty five.
   It's a quarter to five.

B Aさんの "Do you have the time?" という質問に対して、Bさんが答える時刻を聞き取り、以下に時計の針を書きましょう。　DL52　CD52

1.　2.　3.　4.

Your Turn! 🎧 DL 53   💿 CD 53

A このユニットに出てきた "Old MacDonald Had a Farm" の歌を聞いてみましょう。

Old MacDonald Had a Farm

1

Old MacDonald had a farm, E-I-E-I-O
And on his farm he had some chicks, E-I-E-I-O
With a chick, chick here, and a chick, chick there
Here a chick, there a chick
Everywhere a chick, chick
Old MacDonald had a farm, E-I-E-I-O

B この歌は1番から5番まであります。1番の chick はひよこのことでしたね。2番以降は、動物の名前ではなく、いろいろな動物の鳴き声が入っています。以下は何の動物の鳴き声でしょうか。

1. 2番の "quack, quack"   _____

2. 3番の "gobble, gobble"   _____

3. 4番の "oink, oink"   _____

4. 5番の "moo, moo"   _____

Unit 11 ● What Shall We Do Today?

C 他の生き物の鳴き声も聞いてみましょう。1～8の動物の鳴き声を枠内から選び、書きましょう。

🎧 DL 54　💿 CD54

1.

2.

3.

4.

5.

6.

7.

8.

Squeak, squeak / Bow-wow / Neigh, neigh / Ribbit, ribbit
Meow, meow / Baa, baa / Hoot, hoot / Cock-a-doodle-doo

Unit 12 I Feel Feverish

体調不良の園児との会話・病気やけが・医療品と体の部位名・親族

Get Ready DL 55 CD 55

音声に続いて、英語らしく読んでみましょう。

1. You don't look very well.
2. I feel feverish.
3. Have a glass of water.

Let's Talk ! DL 56 CD 56

ベティの元気がありません。ユリ先生が声をかけます。

A 音声を聞いて、空欄に単語を入れましょう。

Yuri: You don't look very well, Betty. Are you [1]_____ [2]_____?

Betty: I feel [3]_____ and my head [4]_____.

Yuri: Come here. I'll take your [5]_____.
Oh, you have a [6]_____. Have a glass of water. [7]_____ [8]_____ and rest for a while. I'll call your dad or mom to [9]_____ you [10]_____ soon.

Betty: OK.

B 音声に合わせて声を出して読んでみましょう。そのあと、ペアで練習してみましょう。

Did you know...?

温度の表記を摂氏(Celsius)ではなく華氏(Fahrenheit)で表す国もあります。海外の体温計で熱を測ってみたら、「99」などという数字が出てきて一瞬びっくりした、という話を聞くことがあります。99°Fは、37.2℃のことです。気温についても、外国でテレビの天気予報をみていると、予想最高気温として、86°Fという数字が出ることがありますが、それは30℃のことです。

59

Your Vocabulary

A 以下の語句の意味を枠内から選び、空欄に書きましょう。

1. feverish _____
2. temperature _____
3. fever _____
4. a glass of ... _____
5. lie down _____
6. for a while _____
7. pick up _____

| しばらくの間 | 熱 | 熱っぽい | 1杯の〜 |
| 横になる | 迎えにくる | 体温／気温 | |

B 以下の日本語の意味と合うように、(　　) 内の語句を並べかえましょう。

1. 今日、最高気温は35度になるでしょう。
   The high (be / 35 degrees / temperature / will) today.

   _____

2. リンゴジュースを1杯飲みたいです。
   I want (a / glass / have / of / to) apple juice.

   _____

3. しばらく横になっていてもいいですか。
   Can (a while / lie / for / I / down)?

   _____

✓ Check!　病気やけがの症状を伝える表現

- **haveを用いて表す病状**
  She has a cold. 風邪をひいている　　　I have a fever. 熱がある
  She has a runny nose. 鼻水がでる　　　He has a headache. 頭痛がする
  その他
  He coughs a lot. 咳がでる　　　She vomited her lunch. 吐いた

- **けが**
  She hurt her knee. 膝をけがした　　　I bumped my nose. 鼻をぶつけた
  I fell down on the ground. 運動場で転んだ

- **様子**
  You look pale. 顔色が悪い　　　I feel sick. 気分が悪い
  She doesn't eat well. あまり食べない

Think and Share

連絡帳に病気やけがの様子を伝える英文を書いてみましょう。

1. Betty　　1月9日（水）咳をたくさんして、食事はあまり食べませんでした。
2. Ken　　　9月15日（金）運動場で転んで、ひざをけがしてしまいました。

● Betty's parent-teacher notebook

Date: January 9 (　　　　　　　)
She coughed a lot and _____

● Ken's parent-teacher notebook

Date: _____ (Friday)
He _____

Daily Words of Childcare　 DL 57　 CD 57

園では、子どもに薬を飲ませたり塗ったりすることを保護者から頼まれることがあります。

A 医療品について、枠内より日本語を選び、空欄に書きましょう。

1. ばんそうこう　_____
2. 包帯　_____
3. 風邪薬　_____
4. 熱冷ましシート　_____
5. 咳止めシロップ　_____
6. ガーゼ　_____
7. 軟膏　_____
8. 痛み止め　_____

painkiller / cough syrup / Band-Aid / cold remedy
bandage / gauze / cooling plaster / ointment

B ペアを組み、一人が上記の日本語を言い、もう一人はその英語を素早く答えましょう。

Your Turn! 🎧 DL 58   💿 CD58

A 体の部位の名称をみてみましょう。

1. 下の絵の (1) 〜 (18) の部位の英語名を枠内から選び、書きましょう。

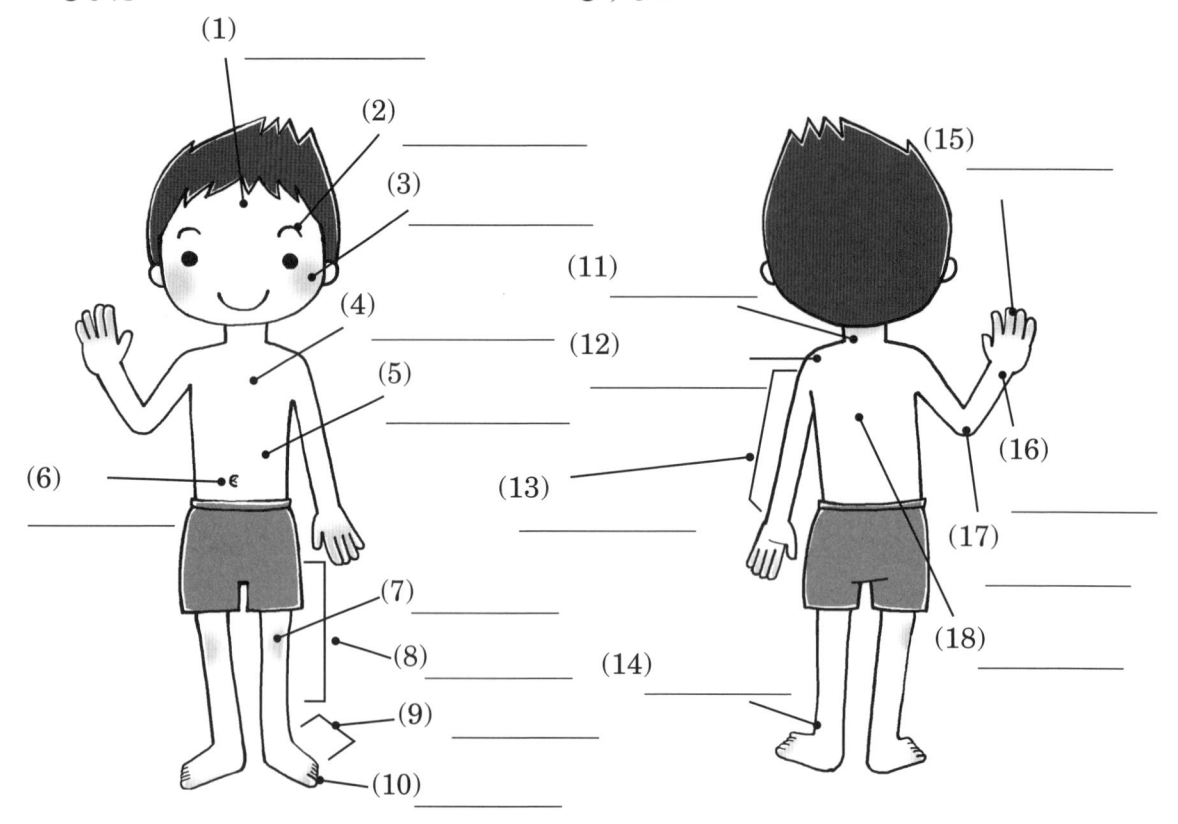

● まえ　　　　　　　　　　● うしろ

(1) _____
(2) _____
(3) _____
(4) _____
(5) _____
(6) _____
(7) _____
(8) _____
(9) _____
(10) _____
(11) _____
(12) _____
(13) _____
(14) _____
(15) _____
(16) _____
(17) _____
(18) _____

cheek / chest / toe / eyebrow
knee / leg / navel (belly button)
stomach (belly, tummy) / foot
forehead

arm / back / elbow / neck
wrist / ankle / shoulder / fingers

2. ペアを組み、一人が部位を日本語で言い、もう一人はその英語を素早く答えましょう。

B 保育園やバス停へのお迎えをするのは、園児の両親には限りません。おじいちゃん、おばあちゃん、おばさんなどの場合もあります。親戚の名称をベティの家系図（family tree）を通してみてみましょう。

1. ベティから見た続柄を枠内より選び、以下の家系図の（　）に入れましょう。

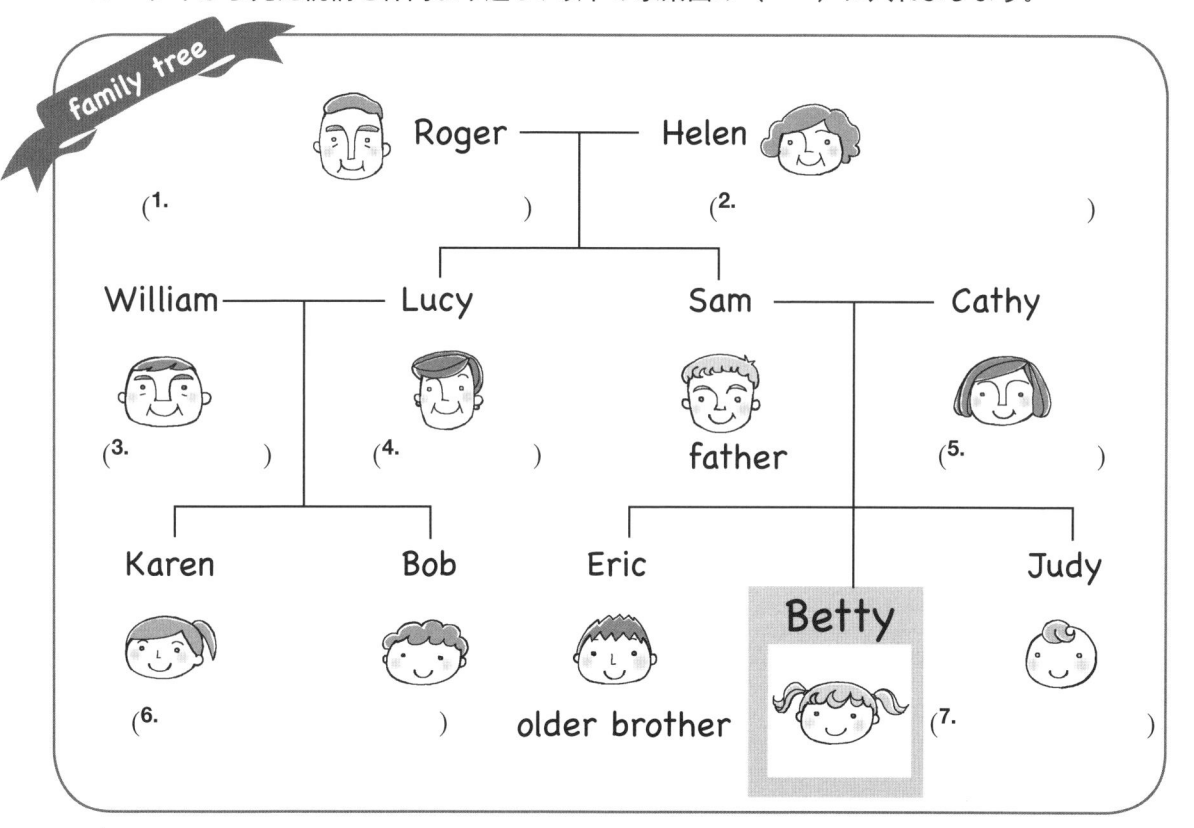

family tree

Roger —— Helen
(1.　　　　　　) (2.　　　　　　)

William —— Lucy　　Sam —— Cathy
(3.　　) (4.　　)　　father　(5.　　)

Karen　　Bob　　Eric　　Judy
(6.　　)　　　older brother　Betty　(7.　　)

aunt / cousins / grandfather / grandmother /
mother / younger sister / uncle

2. CathyにとってのHelenと、HelenにとってのWilliam、LucyにとってのCathyは何にあたるか、以下の枠内から選びましょう。

(1) CathyにとってのHelen　　＿＿＿＿＿＿＿＿＿＿＿＿

(2) HelenにとってのWilliam　＿＿＿＿＿＿＿＿＿＿＿＿

(3) LucyにとってのCathy　　＿＿＿＿＿＿＿＿＿＿＿＿

father-in-law / mother-in-law / brother-in-law
sister-in-law / son-in-law / daughter-in-law

Unit 13 This Is Yuri from Cosmos Day Care Center

保護者との電話・伝言

Get Ready DL 59 CD 59

音声に続いて、英語らしく読んでみましょう。

1. This is Yuri from Cosmos Day Care Center.
2. What's the matter?
3. I can get there in half an hour.

Let's Talk ! DL 60 CD 60

ユリ先生はサムにベティを迎えにきてくれるよう電話をします。

A 音声を聞いて、空欄に単語を入れましょう。

Sam: Hello. ¹_____ ²_____ Sam.

Yuri: Hi. This is Yuri from Cosmos Day Care Center.

Sam: Hi, Yuri-sensei. What's the ³_____?

Yuri: Betty has a fever and she is lying down in bed now. Is it ⁴_____ to pick her up right now?

Sam: I'm ⁵_____ I can't. I'll ask my mother to pick up Betty. She'll be able to get there in ⁶_____ ⁷_____ ⁸_____.

Yuri: All right.

Sam: Thank you for ⁹_____ and for ¹⁰_____ ¹¹_____ of Betty.

B 音声に合わせて声を出して読んでみましょう。そのあと、ペアで練習してみましょう。

Your Vocabulary

A 以下の語句の意味を枠内から選び、空欄に書きましょう。

1. "This is …" _____
2. "What's the matter?" _____
3. possible _____
4. right now _____
5. "I'm afraid …" _____
6. half an hour _____
7. thank you for … _____
8. take care of … _____

> 可能な　「どうしたのですか」　〜の世話をする　「〜（できない）と思います」
> 今すぐ　〜をありがとう　30分　「（電話で）私は〜と申します」

B 以下の日本語の意味と合うように、(　　) 内の語句を並べかえましょう。

1. そこに着くのに30分かかります。It (half / an hour / takes / to get) there.

   _____

2. もしもし、東京のABCスクールの村田と申しますが。
   Hello, (ABC school / from / in / is / Murata / this) Tokyo.

   _____

3. 娘の世話をしてくれてありがとうございます。
   (care / for / our daughter / of / taking / thank you).

   _____

✓ Check! 電話応対に便利な表現

- 話したい相手につないでもらうとき
  May I speak to Mrs. Jackson?「ジャクソンさんはいらっしゃいますか」
- かけ直すことを伝えるとき
  I'll call you back soon.「すぐにかけ直します」
- 少し待ってもらうとき
  Please wait for a moment.「少々お待ちください」
- 英語が話せる人に代わるとき
  I'll pass the phone to someone who can speak English.
  「英語を話せる人に代わります」
- 連絡先や伝言を聞くとき
  Can I have your phone number?「電話番号を教えてもらえますか」
  Shall I take your message?「伝言をお聞きしましょうか」

Think and Share

サムから園に電話がありました。ユリ先生の同僚としてあなたが応答してみましょう。

A 枠内の日本語と合うように空欄に語句を入れましょう。

Sam: Hi, ¹_____ is Sam, Betty's father. May I ²_____ ³_____ Yuri-sensei?

You : Well, she is out now. Can I take your message?

Sam: Yes. Please tell her to ⁴_____ me ⁵_____ when she returns.

You : OK, and can I have your ⁶_____ ⁷_____ ?

Sam: It's 0900-9876-5432.

You: Thank you. I'll tell Yuri-sensei to call you back. Bye.

> サム： こんにちは、ベティの父のサムです。ユリ先生はいらっしゃいますか。
> あなた： えっと、彼女は外出中です。伝言をお聞きしましょうか。
> サム： はい。戻ったら、私に電話をくれるように伝えてください。
> あなた： わかりました、では、電話番号を聞いていいですか。
> サム： 0900-9876-5432です。
> あなた： ありがとうございます。ユリ先生にかけ直すように伝えますね。それでは。

B 上の会話を、テキストを見ずに言えるようになるまで友人と練習してみましょう。

Listen Up   DL 61, 62   CD61, 62

ユリ先生がサムに電話をかけたら留守番電話でした。

> Hi, this is Sam. I'm currently unable to take your call. Please leave your message. Thanks. (Beep)

ユリ先生が残したメッセージを聞き取り、以下のメモに内容を書き取りましょう。

1.
・午前/午後_____時に電話
・雨のため_____は中止
・_____曜日に延期
・電話番号_____
　にかけ直してほしい

2.
・明日はお弁当の日
・お弁当と_____が必要
・デザートとして、果物は〇、
　_____は×
・外で食べる場合、_____も持ってくる

Reading DL 63   CD63

A 日本でおなじみの昔話『浦島太郎』。どのような英語を用いて訳されているかみてみましょう。

Urashima Taro

Once upon a time, there lived a young fisherman named Urashima Taro with his old mother in a village. One day, Taro saw children poking a baby turtle with sticks. Taro told the children to stop it and saved the turtle.

A few years later, when Taro was fishing in the sea, the turtle came to him and said, "Taro-san, thank you for saving my life that time, I want to bring you to the Dragon Palace to repay you for your kindness."

Taro sat on the turtle's back. Before long, they arrived at the Dragon Palace. Every night Taro had a good dinner and danced with Otohime. A few days passed. Taro thought of his old mother and decided to go home. Otohime gave him a small box and said, "This is a present for you. But never open it in your world."

When Taro went back to his village, he felt something was strange. He could not find his own house. Taro asked a man if he knew Urashima. The man answered, "I don't know Urashima, but I've heard that a family called Urashima lived in this village a long time ago."

Taro understood that many hundreds of years had passed while he spent those few days in the Dragon Palace. He was at a loss and opened the box. Suddenly, white smoke came out and Taro became a gray-haired, wrinkle-faced old man.

Notes
- L2: **poke**「〜を突く」
- L18: **wrinkle**「しわ」

B 以下の日本語に相当する英語を本文より見つけて空欄に書きましょう。

1. 漁師　　　　　　　　　_____
2. 子ガメ　　　　　　　　_____
3. 竜宮城　　　　　　　　_____
4. お礼に　　　　　　　　_____
5. 突然　　　　　　　　　_____
6. 白髪の　　　　　　　　_____
7. しわしわ顔の　　　　　_____

Unit 14 Thank You Very Much for Everything

最後の日の会話・お礼の表現・歌に合わせる動き・誕生日会

Get Ready DL 64 CD64

音声に続いて、英語らしく読んでみましょう。

1. Thank you very much for everything.
2. I'm glad to hear that.
3. I really appreciate it.

Let's Talk ! DL 65 CD65

タンポポ組は今日で終わりです。サムはユリ先生にお礼を言います。

A 音声を聞いて、以下の空欄に単語を入れましょう。

Sam: Thank you very much for [1]_____ that you did for us, Yuri-sensei.

Yuri: I also had a [2]_____ [3]_____. Thank you.

Sam: Betty [4]_____ many [5]_____ here. We are so happy.

Yuri: I'm [6]_____ to hear that.

Sam: Thank you again, I really [7]_____ it.

Yuri: [8]_____ [9]_____. I hope Betty will enjoy herself in Himawari-gumi as well next year.

B 音声に合わせて声を出して読んでみましょう。そのあと、ペアで練習してみましょう。

69

Your Vocabulary

A 以下の語句の意味を枠内から選び、空欄に書きましょう。

1. have a great time _____
2. make friends _____
3. glad _____
4. appreciate _____
5. "My pleasure" _____
6. enjoy oneself _____
7. as well _____

> うれしい　　「どういたしまして」　～も同じように　　友達を作る
> ～に感謝する　　よい時を過ごす　　楽しんで過ごす

B 以下の日本語の意味と合うように、(　　) 内の語句を並べかえましょう。

1. 親切にしてくださって本当に感謝しています。
   (appreciate / kindness / I / really / your).
   _____

2. そのパーティーでとても楽しいひとときを過ごしました。
   I (a / at / great / had / time / the party).
   _____

3. 私はベティが日本でたくさんの友達を作ったことをうれしく思います。
   I am glad Betty (friends / Japan / many / made / in).
   _____

✓ Check! お礼のいろいろな表現

- 基本的なお礼
  Thank you for the roses.「バラをありがとうございます」
  I appreciate your help.　×I appreciate you.「手伝ってくれて感謝しています」

- より感謝の気持ちを伝えるお礼
  Thank you very much for your help.「手伝ってくれて本当にありがとうございます」
  I really appreciate your help.「手伝ってくれて本当に感謝しています」
  I am extremely grateful for your help.「手伝ってくれて本当に感謝しています」

- Thank you よりくだけたお礼
  Thanks for the roses.「バラをありがとう」

※ for の後には、お礼の対象となる物事を置きます。

Think and Share

A 日本語と合うように枠内から語句を選び、空欄に入れましょう。

1. *A*: Thank you very much for your _____ to the Farewell Party.
   「お別れ会に招待してくれてありがとうございます」
   B: My _____. 「どういたしまして」
2. *A*: I made *bento* for you. 「お弁当を作ったよ」
   B: Wow. Thank you for your _____. 「わー。親切にありがとう」
3. *A*: Are you OK? Your bag looks heavy. _____ take it?
   「大丈夫ですか。カバンが重そうですね。持ちましょうか」
   B: I'm _____ for your help. I appreciate it.
   「手伝っていただき、ありがとうございます。感謝します」

invitation / kindness / grateful / pleasure / shall I

B 上の会話を、テキストを見なくてもできるようになるまで友人と練習しましょう。

Daily Words of Childcare DL 66 CD66

園での毎週の集会やお誕生日会などでは、その場で簡単に動きながら歌う活動があります。

A 下の動きを英語で何というでしょうか。枠内より選び空欄に書きましょう。

1. 手をあわせて
   くねくね動かす
   _____ your fingers

2. 手をたたく
   _____ your hands

3. 両手を上げる
   _____ your hands up

4. 両手を下げる
   _____ your hands down

5. ぴょんぴょん跳ねる
   _____

6. 両腕をくるくる回す
   _____ your arms

clap / hop / put / raise / roll / wiggle

B ペアを組み、一人が上記の英語を言い、もう一人はその動きをしましょう。

Unit 14 ● Thank You Very Much for Everything

Your Turn!

英語のバースデーカードをみてみましょう。

A 英語でのバースデーメッセージには、以下のようなものがあります。意味を考えてみましょう。あなたは誰にどのメッセージを送りたいですか。

I hope all your birthday dreams come true.

Here's to another year of experience.

Happy birthday. May this day always be a special one.

To the nation's best kept secret; your true age.

So many candles, so little cake.

Quiz!

アメリカの子どものバースデーパーティーでよく行われるピニャータ (pinñata) というゲーム。どのようなゲームでしょうか。以下の1～4から選びましょう。

1. 参加者が顔に動物のペイントをして、おいかけっこをする
2. ひもでぶら下げられた動物やアニメキャラクターなどの飾り物を棒でたたき割る
3. 誕生日の子どもが目隠しをして、ガラスのケースに入ったものを触りあてる
4. チーム対抗戦で、2メートル四方の大きな風船を持って走り、タイムを競う。落としたら負け。

B コスモス保育園のお誕生日会では、その月に生まれた園児達がステージに上がり、お祝いをしてもらいます。今月はベティのお誕生月です。以下の内容を盛り込み、子どもが喜びそうな飾りつけを描いて、ベティとベティの家族に、お誕生日会への招待状 (invitation card) を作ってみましょう。

> **Birthday Party Invitation**
> Join us for a celebration!
> **Date:** Wednesday, January 20th
> **Time:** 10:00 ～ 11:30
> **Place:** Multi-purpose room
> RSVP

Did you know....?

外国の検索サイト（例：Yahoo.com など）で、birthday invitation と入れて検索してみると、いろいろな招待状を見ることができます。日本で目にするものと違う点が多く、見ると楽しいと思います。子どもだけではなく、50歳の誕生日パーティーへの招待状などもあり、例えば、その人の1歳の頃と50歳現在の写真が並べて載せてあるなど、ユーモアあふれるものが多いです。是非、チェックしてみてください。

Unit 14 ● Thank You Very Much for Everything

> **付録** 乳幼児の保育に関する英語
>
> ほとんどの保育園は、生後4、5か月以降の0歳児からの保育を行っています。ここでは、乳幼児の保育でよく使われる英語表現を紹介します。

月齢に関する表現

- [ ] 生後3か月　three months old
- [ ] 1歳4か月　16 months old
- [ ] 新生児　newborn
- [ ] よちよち歩きの幼児　toddler

　　※日本では、2歳未満の子どもの年齢を聞かれると「1歳4か月です」と答えますが、英語では "16 months old" と月齢で答えることが多いです。

乳幼児の保育に必要なもの

- [ ] おむつ　diaper（米）　nappy（英）
- [ ] おしりふき　baby wipe
- [ ] おまる　potty
- [ ] トレーニングパンツ（おむつをやめるときに使用）　training pants

- [ ] 母乳　breast milk
- [ ] 人工乳　formula
- [ ] 哺乳瓶　baby bottle
- [ ] おしゃぶり　pacifier
- [ ] 歯がため　teething ring
- [ ] よだれかけ　bib

- [ ] ベビーカー　stroller
- [ ] 抱っこひも　carrier
- [ ] ゆりかご　cradle
- [ ] ベビーベッド（枠付き）crib
- [ ] 毛布　blanket
- [ ] タオルケット　cotton blanket

- [ ] ガラガラ　rattle
- [ ] ぬいぐるみ　stuffed animal

乳幼児の様子を表す表現

☐ 泣く　cry
☐ 寝る　sleep
☐ 寝返りをする　roll over
☐ ミルクを飲む　drink milk
☐ よだれを垂らす　drool
☐ はいはいする　crawl
☐ 伝い歩く　walk holding on to a table
☐ よちよち歩く　toddle
☐ ひとりで歩く　walk alone
☐ ひとりで立つ　stand alone
☐ 支えなしで座る　sit without support

☐ 「あー」「うー」と声をだす　goo and coo
☐ 「ママ」「パパ」と言う　say "mama" and "dada"
☐ 簡単な言葉を話す　say simple words
☐ 自分の名前が分かる　recognize his/her name

☐ いないいないばあをする　play peek-a-boo
☐ 自分の手足で遊ぶ　play with his/her hands and feet
☐ 机をおもちゃでトントンたたく　tap a table with toys
☐ バイバイをする　wave goodbye

☐ 歯が生える　cut his/her first tooth

本書にはCD（別売）があります

Happy English for Childcare
保育のための基礎英語

2015年1月20日　初版第1刷発行
2025年2月20日　初版第17刷発行

著者　土屋　麻衣子

発行者　福岡　正人
発行所　株式会社　金星堂
（〒101-0051）東京都千代田区神田神保町 3-21
Tel　(03) 3263-3828（営業部）
　　 (03) 3263-3997（編集部）
Fax　(03) 3263-0716
https://www.kinsei-do.co.jp

編集担当　荻野由布子　　　　　Printed in Japan
印刷所／日新印刷株式会社　製本所／松島製本
本書の無断複製・複写は著作権法上での例外を除き禁じられています。本書を代行業者等の第三者に依頼してスキャンやデジタル化することは、たとえ個人や家庭内での利用であっても認められておりません。
落丁・乱丁本はお取り替えいたします。

ISBN978-4-7647-4008-2　C1082